Auf den Spuren der Pilger nach Trondheim

© Tapir Academic Press, Trondheim 1998

2. Auflage 2008

ISBN 978-82-519-2305-7

This publication may not be reproduced, stored in a retrieval system or transmitted in any form or by any means; electronic, electrostatic, magnetic tape, mechanical, photo-copying, recording or otherwise, without permission.

Dieses Buch wurde herausgegeben in Zusammenarbeit mit und finanzieller Unterstützung von
- Pilotprojekt Pilgerpfad
- Nationales Kulturzentrum Stiklestad
- Regierungsbezirk Sør-Trøndelag
- Stadt Trondheim.

Graphische Gestaltung: Tapir Academic Press
Druck und Einband: 07 Gruppen AS

Redaktionelle Leitung: Stein Thue
Übersetzung: Rainer Hoppe

Titelbild: Th. kittelsen "Langt langt borte saa han noget lyse og glitre" (Soria Moria slott).
/ „Weit in der Ferne sah er etwas leuchten und glänzen" (Soria Moria Schloss)
Foto: J. Lathion © Nasjonalmuseet 2008

Tapir Academic Press
NO–7005 TRONDHEIM
Tel.:   + 47 73 59 32 10
Fax: + 47 73 59 84 94
E-mail: forlag@tapir.no
www.tapirforlag.no

Foto Pål Ove Lilleberg →

Auf den Spuren der Pilger nach Trondheim

tapir akademisk forlag

Inhalt

Pilgerwege	5
Auf der Wallfahrt	7
Der Heilige König	9
Stiklestad – ein wendepunkt	14
Zu Wasser und zu Land	16
Übersichtskarte: Pilgerroute nach Trondheim	18
Von Sundet nach Nidaros	20
Von Saksvikkorsen nach Nidaros	19
Die Landschaft im Mittelalter	32
Die Pilgerstadt am Nidelven	34
Der Nidarosdom	40
Pilgerzeichen als Erinnerungsplaketten	46
Die Olavskirchen in Europa	48
Karte von Trondheim	50
Information über Trondheim	52
Aus der Geschichte der Stadt Trondheim	57
Der Schrein des Heiligen Olav	60
Literatur	61

Foto Pål Ove Lilleberg

Pilgerwege

Die Pilger des Mittelalters folgten dem sogenannten "tjodveien", dem damaligen öffentlichen Weg. Aber nicht nur ein, sondern viele Pilgerpfade führten nach Nidaros. Auf der Karte (S. 16) sind sieben von ihnen zusammen mit dem Seeweg eingezeichnet. Um heute kürzere oder längere Wanderungen auf den alten Wegen zu ermöglichen, wurden im Rahmen eines nationalen Projekts und in Zusammenarbeit mit den örtlichen Behörden die Pilgerpfade mit Wegweisern und Hinweistafeln ausgestattet.

Unter den vielen Wegen, die nach Nidaros führten, wählte man Ende des 20. Jahrhunderts den Weg von Oslo durch das Gudbrandstal und den Weg von Schweden über Stiklestad, eine Strecke von zusammen 930 km. Nach 1997 wurden auch die Pfade durch das Østertal, der Pfad Skardøra–Trondheim, Grong–Stiklestad (der „Nordweg") und der Pfad Oslo–Hamar (die östliche Route) aufgearbeitet und ausgeschildert. Zehn Jahre nach der Einweihung des ersten Pfads im Jahre 1997 verfügen wir heute über ca. 2.000 km ausgeschilderte Pilgerpfade, die insgesamt 45 Gemeinden berühren.

Von 1031 bis zur Reformation 1537, also rund fünfhundert Jahre pilgerte man zum Schrein des Heiligen Olav im Nidarosdom. Wenn wir heute, fast fünfhundert Jahre nach dem Ende der Pilgerwanderungen, wieder dazu auffordern, den Fußspuren der Pilger zu folgen, dann deshalb, um Aktivitäten in der Natur, das kulturelle Interesse und die eigene Reflexion zu fördern.

Der Wallfahrer wagt etwas: Er verlässt das Bekannte und Vertraute, wandert in eine neue Umgebung, in der er zum *peregrinus* wird, zum Fremden. Im Mittelalter brach er auf, um zu danken, zu büßen oder um Heilung zu suchen. In unserer Zeit suchen wir Erholung wie Erkenntnis und Wissen; und heute ist vielleicht der Weg selber wichtiger als das Ziel. Der Pilger erkennt, daß er einen Weg zu gehen hat und dass ein großes Risiko mit dieser Wanderung verbunden ist. Aber der Gewinn ist demjenigen offenbar, der diesen Schritt wagt. Er kehrt von seiner Wanderung zurück, zumindest eine Erfahrung reicher und um ein Vorurteil ärmer.

„Rombo-Pfad"

Der „Rombo-Pfad", auch „der große Rombo-Pfad" genannt, erhielt seinen Namen von einer Ebene nördlich von Mälaren in Schweden, die früher als „Rombolandet" bezeichnet wurde. Der Pfad führt von Köping durch das Hedströmdalen über Skinnskatteberg nach Dalarna und über Skardøra nach Norwegen. An der Grenze bei Skardøra vereinen sich der „Jämt-Norgepfad", der „Kårbö-Pfad" und der „Rombo-Pfad". So führt der gemeinsame Weg durch Tydal, Selbu und Malvik, bevor er bei Saksvikkorsen die Stadtgrenze von Trondheim erreicht. Der „Rombo-Pfad" war die östliche Pulsader Trondheims. Da die gesamte Strecke nach Nidaros ausgeschildert ist, ist er der längste Pilgerpfad im Norden.

„Østerdals-Pfad"

Der „Østerdals-Pfad" nimmt seinen Ausgangspunkt im schwedischen Karlstad, wo der Fluss Klaraälven in den Vänern-See mündet. Hier befindet sich die St. Olovs gryta, eine von den Gletschern ausgeformte runde Vertiefung im Fels. Der Pfad folgt dem Fluss in nördlicher Richtung über Dalby und Ransby nach Edbäck, bevor er bei Lutnes Norwegen erreicht. Durch die Wälder und über die Berge hinweg folgen wir dem Weg über Nybergsund und Trysil nach Munkbetsetra. Der Name besagt, dass hier eine Weide für die Pferde der Pilger lag. Weiter passieren wir Åkrestrømmen, Otnes, Øvre Rendalen, gehen über das Fonnåsfjellet nach Tylldalen und erreicheach Tynset. Von hier aus führt der Weg über Tolga, Os und Dalsbygda hinauf zum Forollhogna, wo die Grenze des Regierungsbezirks Sør-Trøndelag in 1.100 Meter Höhe passiert wird.

Vom Forollhogna herab gelangen wir zum Storbudal und wandern nach Singsås. Nachdem wir Seviltjønnvollen und Samsjøen passiert haben, gehen wir über den St. Olavsknippen, in dessen Nähe einer Quelle große Heilkraft zugeschrieben wurde. Die Wanderung geht weiter via Fremo und Kjørkflå über das Vassfjellet, vorbei dem Øyvindtjønna und hinunter nach Heimdal und der Kirche von Tiller. Ab hier folgt der Weg dem Flusslauf des Nidelven bis zum Ziel, dem Nidarosdom. Der „Østerdals-Pfad" wurde im Sommer 2000 vom Bischof in Hamar offiziell eröffnet.

„Nordveien"

Der Weg von Grong nach Stiklestad heißt „Nordveien". Sein Ausgangsbeginnt ist Gløshaugen, ein alter Kirchenplatz in Grong. Gløshaugen lag im Mittelalter am Schnittpunkt der Verkehrsverbindungen zwischen Nord- und Südnorwegen. Nördlich von Ytre Namdal war die Küste die „Hauptverkehrsader" bis in unsere Zeit hinein. Der Pilgerpfad führt von Namdalen über Snåsaheia zur Kirche von Vinje. Ab hier geht es Richtung Imsdalen und Olskjelda. Der „Nordveien" folgt dann einem alten Pfad über die Berge bis nach Stiklestad und weiter zum „Olavs-Pfad" nach Nidaros.

Auf Pilgerwanderung entlang dem „Østerdals-Pfad". Foto Aslaug Sikveland Haugen

Auf der Wallfahrt

Schon kurze Zeit nachdem König Olav Haraldsson 1030 in der Schlacht bei Stiklestad in Mittelnorwegen gefallen war, entwickelte sich Nidaros – das heutige Trondheim – zu einem Wallfahrtsort. Olav der Heilige, so sein späterer Name, wurde auf diese Weise nicht nur zum Schutzpatron des Landes, sondern erlangte große Bedeutung weit über die Grenzen des Landes hinaus. Pilger von fern und nah suchten am Grab von Olav ihre Seele zu erleichtern.

Die Menschen wanderten auf schmalen Pfaden durch das unwegsame Gelände. Trotz des mühseligen Weges über das Gebirge nahm jedoch die Zahl der Pilger zum Nidarosdom, in welchem der Schrein des Heiligen Olav aufbewahrt wurde, ständig zu. Nidaros blieb bis zur Reformation im Jahre 1537, wahrscheinlich sogar darüber hinaus, ein sehr beliebter Wallfahrtsort.

Heute läßt sich nicht mehr genau bestimmen, wo die Pilger einst wanderten. Größtenteils waren die benutzten Pilgerpfade wohl identisch mit den anderen damaligen Wegen. In den Tälern mit den ältesten Ansiedlungen verlief ein solcher Weg, der sogenannte „tjodvei", hoch oben am Berghang.

Die Wege wurden von Reitern und Wanderern benutzt. Auf Steigungsverhältnisse wurde ebensowenig Rücksicht genommen, wie auf Sumpf, Moor oder andere natürliche Hindernisse. Statt eines bequemeren Umwegs wählte man oft den direkten und damit kürzesten Weg.

In dem steilen Gelände führte eine intensive Benutzung der Wege dazu, dass das aufgelöste Erdreich durch das Wasser weggeschwemmt und die Wege ausgespült wurden. Auf diese Weise entstanden allmählich Senken und Hohlwege. In sumpfigem Gelände behalf man sich mit Ästen und Stöcken, wodurch die sogenannten Knüppeldämme entstanden.

Die Pilger wanderten oft in Gruppen. Die schnellsten der Wanderer legten bis zu 30 Kilometer am Tag zurück. Die gesamte Route war in Abschnitte von jeweils 8 bis 10 Kilometer Länge unterteilt, an deren Ende sich Rastplätze und frei zugängliche Weiden für die Pferde befanden, die sogenannten „Olavs-Weiden". Entlang des Weges standen natürlich auch Wirtshäuser und Herbergen. Einer der ältesten (und schlichtesten) Übernachtungsmöglichkeiten war das einfache „sælehus" („Glückshaus"), eine nicht bewirtschaftete Herberge auf Selbstbedienungsbasis. Ansonsten säumten Andachts-kreuze, Pilgerkapellen und heilige Quellen den Weg, von denen die Überlieferungen berichten.

Im Laufe der Jahrhunderte wurden die Spuren der alten Wege und Pfade verwischt. Von der Vegetation überwuchert, wurden sie entweder wieder ein Teil der Felder oder beim Bau neuer Wege und Straßen

Pilger (nach einer Miniatur des 13. Jahrhunderts von Urd von Hentig)

mit einbezogen. Als man die Pilgerrouten rekonstruierte, mußte dies berücksichtigt werden. Die neu angelegten Pilgerpfade decken sich also mit den alten Wegen nur dort, wo diese dokumentiert sind und sich immer noch benutzen lassen. Hingegen hat sich die *Landschaft*, durch die die Pilger zogen, seitdem kaum verändert.

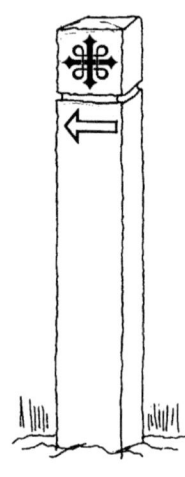

*Wegweiser des heutigen
– Pilgerpfads*

Welchen Eindruck die Landschaft auf die mittelalterlichen Pilger machte, die nach Nidaros pilgerten, wissen wir nicht. Jedoch eignen sich die Pilgerwege hervorragend dazu, dem Wanderer unserer Tage einen Eindruck von der Landschaft zu vermitteln. Der Zusammenhang zwischen Landschaft und Kultur stellt sich auf den Pilgerpfaden durch die Ortsnamen und Zeugnisse kulturellen Lebens her, die oft zum Leben und Wirken des Heiligen Olav in enger Beziehung stehen.

Entlang der Wege finden sich jedoch auch andere Sehenswürdigkeiten, die mit den Pilgerwanderungen nicht in unmittelbarem Zusammenhang stehen, z. B. Grabhügel und andere Zeugnisse menschlicher Ansiedlungen aus vorchristlicher Zeit oder historische Sehenswürdigkeiten aus Zeiten nach dem Ende der Wallfahrten. Beides dürfte für den modernen Wanderer von Interesse sein. Der hier vorliegende „Pilgerführer" für Trondheim verzeichnet bzw. beschreibt mehrere dieser Sehenswürdigkeiten. Auf diese Weise erhält eine Wanderung auf einem Pilgerpfad einen historischen Hintergrund, welcher sich über die Geschichte von mehreren tausend Jahren erstreckt.

Der Pilger unserer Tage wird durch Wegweiser geleitet, viereckige Pfähle, die mit dem Logo des Pilgerpfads versehen sind. Die Wegweiser zeigen die Richtungsänderungen des Weges an und die Sehenswürdigkeiten, welche im Wanderführer näher beschrieben sind. Pfähle, die speziell auf mittelalterliche Sehenswürdigkeiten und die Pilgertradition hinweisen, verfügen über einen entsprechenden Text. Zwischen den Pfählen zeigen einfache Markierungen dem Wanderer, dass er auf dem richtigen Weg ist. In den meisten Gemeinden stehen auch Meilensteine, auf denen vermerkt ist, wie weit es noch bis nach Trondheim und zum Nidarosdom ist, dem endgültigen Ziel der Reise.

Wir hoffen, dass Ihnen die Pilgerpfade einen lebendigen Eindruck von der Kultur und der Landschaft Mittelnorwegens vermitteln und wünschen Ihnen eine gute Wanderung.

Pax et bonum

Der Heilige König

Lars Roar Langslet

Das wichtigste skandinavische Wallfahrtsziel war ohne Zweifel der Schrein des Heiligen Olav im Nidarosdom. Das ganze Mittelalter hindurch behielt der norwegische Heilige seinen Status als eine Art nordeuropäischer „Oberheiliger" und wurde in den Nachbarländern genauso verehrt, wie in seinem Herkunftsland Norwegen.

Die Ringwirkungen der Olavverehrung waren enorm. Nach der Heilig-sprechung von König Olav im August 1031 verbreitete sich die Verehrung für Olav geradezu explosionsartig im gesamten Nordeuropa, auf den Britischen Inseln und in den Hansestädten entlang der Ostsee. Ausläufer

Altarausschmückung aus dem 14. Jahrhundert (Olavs-Antemensale). Oben links: Olavs Traum vor der Schlacht von Stiklestad; unten links: Olav bezahlt einem Geistlichen eine Totenmesse für seine Feinde, die in der Schlacht gegen ihn fallen werden; unten rechts: Olavs Tod in der Schlacht von Stiklestad am 29. Juli 1030; oben rechts: Olav wird zum Heiligen erklärt und am 3. August 1031 beigesetzt. Foto Nidaros Domkirkes Restaureringsarbeider

dieser Verehrung erreichten die Niederlande, die Normandie und sogar Spanien, Rußland und Byzanz. So befindet sich auf einer Säule in der Geburtskirche zu Bethlehem das älteste der bewahrten Bilder vom Heiligen Olav.

Wer war der Heilige Olav?

Olav Haraldsson, geboren im Jahre 995, stammte aus dem norwegischen Königsgeschlecht des „Harald Hårfagre" („Harald Silberhaar"). Er wuchs in Ringerike auf, nördlich vom heutigen Oslo. Schon in jugendlichem Alter ging er auf Wikingerfahrt und stand als Offizier im Dienst englischer und normannischer Fürsten. Getauft wurde er in Rouen, wo ihn benediktinische Frömmler zum Christentum bekehrten. Kurz danach, im Jahre 1015, verließ er England, um seinen Anspruch auf den norwegischen Königsthron geltend zu machen. An Bord seines Schiffes befanden sich unter anderem mehrere englische Bischöfe, was darauf hinweist, dass er von Anfang an die Christianisierung Norwegens als seine Aufgabe ansah.

Olav war offensichtlich ein recht intelligenter und zielbewußter Mann, besaß einerseits künstlerische Begabung – er verfaßte Gedichte –, verfügte andererseits auch über große Fähigkeiten als politischer und militärischer Stratege.

Die wundertätige Skulptur des St. Olav mit der Silberaxt (Olavs-kirche in Albo, Skåne/Schweden)

In den ersten Regierungsjahren schien ihm alles zu glücken. Als dem ersten norwegischen König gelang es Olav, mehr oder weniger über das gesamte Land zu herrschen, dabei sukzessive ein verwaltungstechnisches Netz einzurichten und die Gesetzgebung zu vereinheitlichen. Dies trug zum inneren Zusammenhalt des Landes stark bei. Er unternahm eine Reihe Missionsreisen in die nicht christianisierten Teile des Landes, speziell in das unzugängliche Innere Norwegens und den Norden. Durch den landesweiten Bau von Kirchen und das Einsetzen von Geistlichen gewann das Christentum immer mehr an Boden. Außerdem setzte er neben dem weltlichen das kirchliche Recht durch, das sogenannte „Kristenretten", das sich als wegweisend bei der weiteren Entwicklung der Rechtspflege erweisen sollte. Langsam aber sicher wurden die Ideale der alten Stammesgesellschaft zurückgedrängt und gaben Raum für den Glauben an den Selbstwert des Individuums, die Barmherzigkeit und die Pflicht, die Schwachen zu schützen.

Eine weniger glückliche Hand bewies Olav bei dem Versuch, freundschaftliche und loyale Verbindungen zu den lokalen Häuptlingen zu entwickeln. Diese fühlten sich durch die ständig wachsende Zentralmacht des Königs bedroht. Gefahr drohte auch vom mächtigen Dänenkönig

Knud, der damals den Nordsee-Raum dominierte und in England residierte. Um Norwegen zurückzuerobern, erkaufte sich Knud die Loyalität norwegischer Häuptlinge. Gleichzeitig wuchs die Unzufriedenheit mit Olavs „harter Herrschaft" unter den Bauern im Inneren des Landes, im mittelnorwegischen Trøndelag und im Norden. Das bedeutete nicht, dass Olav härtere Mittel anwandte als andere Herrscher, sondern, dass er schlicht und einfach darauf bestand seine Herrschaft auszuüben. Die Bauern meinten hingegen, dass ein weit entfernt residierender Herrscher wie Knud die Zügel wieder so locker lassen würde wie andere Herrscher vor Olav.

Die Macht zerrann König Olav unter den Händen, und er musste außer Landes fliehen. Das letzte Lebensjahr verbrachte er bei seinem Schwager, dem Großfürsten Jaroslav von Kiew; in einer Stadt also, die in Osteuropa bereits zu einem geistigen Zentrum geworden war und in der Theologie, Philosophie, das Klosterwesen und die Kunst in hoher Blüte standen.

Im Jahre 1030 kehrte König Olav nach Norwegen zurück und versuchte seine Macht zurückzuerobern. Die entscheidende Schlacht fand am 29. Juli des Jahres in Stiklestad (Trøndelag/Mittelnorwegen) statt, in der die Widersacher Olavs ihm an Anzahl und Schlagkraft überlegen waren. Der König fiel, seine sterblichen Überreste wurden vom Schlachtfeld geschmuggelt und in einer Moräne am Fluß Nidelven begraben, auf der später der Nidarosdom errichtet wurde.

Bald wurde von wundersamen Dingen berichtet. Eine Sonnenfinsternis wurde mit der Schlacht in Verbindung gebracht und als Zeichen göttlichen Zorns gedeutet. Es hieß, mit Stiklestad verhalte es sich wie mit Golgatha, wo ebenfalls „Dunkelheit mitten am Tage" eintrat. Gerüchte über die plötzliche Heilung von Kranken gingen um. Einer der Häuptlinge, die den König getötet hatten, Tore Hund, wurde angeblich durch einen Spritzer vom königlichen Blut von einem alten Leiden an seiner Hand erlöst, was Tore Hund zu einer Bußfahrt nach Jerusalem veranlaßte.

Olav-Skulptur in Brunlanes, Vestfold (Südwestnorwegen). Foto Karl Teigen

Ungefähr ein Jahr nach dem Tod des Königs wurde der Leichnam Olavs ausgegraben, und der Bischof erklärte ihn mit dem Einverständnis des Volkes zu einem Heiligen. Damals war die Heiligsprechung noch das Recht der lokalen Kirche, jedoch erkannte auch der Papst Olavs Heiligenstatus an.

Olav wurde als Märtyrer heilig gesprochen. Das bedeutet, dass sein Tod unter dem Kreuzzeichen als sicheres Zeichen dafür gewertet wurde, dass Gott ihn als sein Werkzeug ausersehen hatte. Somit war der Heiligenstatus keine Art „Führungszeugnis" für ein ungewöhnlich tugendhaftes Leben, sondern Olav wurde als ein Apostel Norwegens geehrt, da er die

Wallfahrtsmotiv über dem Olavsportal des Nidarosdoms, angefertigt von Nic. Schiøll. Foto Aune Forlag / Ole P. Rørvik

Christianisierung Norwegens zum Abschluß gebracht hatte. Diese einzigartige Kombination aus Märtyrer und Apostel erklärt erst eine dermaßen intensive wie geographisch ausgedehnte Verehrung Olavs.

Die Schlacht bei Stiklestad muss als Schlussstrich unter eine missglückte Herrschaft angesehen werden. Erst posthum gelang sie Olav zum Vorteil: Die beiden großen Ziele Olavs, nämlich Norwegen zu einem Reich zu vereinen und zu christianisieren, erfüllten sich dank seines Märtyrertodes. Nie wieder in der Geschichte Norwegens hat der Tod eines einzelnen Mannes so große Folgen gehabt.

Olav der Heilige erfreute sich so enormer Beliebtheit, weil er – kurz gesagt – Bedürfnisse in allen sozialen Gruppen ansprach. Er wurde zum Helden der Bauern, zum Schutzheiligen der Seefahrer und fahrenden Kaufleute, eine stützende Kraft für Seßhafte und das Königshaus und galt als Beschützer der kleinen Leute. Er war ein Held so ganz nach dem Geschmack seiner Zeit, ein Glaubens-ritter, welcher der Bilderwelt der Ritterdichtung entsprungen zu sein schien.

Die um den heiligen König gesponnenen Legenden der höfischen Literatur waren spannend und farbenreich, der Stoff wurde ständig tradiert und variiert. In den vom Volk überlieferten Sagen und Liedern spielte der Stoff ebenfalls eine große Rolle. Außerdem blieben eine große Anzahl Skulpturen und Gemälde des Heiligen Olav aus dem nordeuropäischen Mittelalter erhalten; viele von ihnen gehören zu den schönsten Kunstwerken dieser Epoche. Olavs allumfassende

Popularität zeigt sich auch deutlich in der Tatsache, dass sein Name zum gebräuchlichsten männlichen Vornamen in ganz Skandinavien wurde und in etliche Bezeichnungen für Blumen und Pflanzen eingegangen ist.

Jahrhunderte hindurch symbolisierte St. Olav das Königreich Norwegen, „rex perpetuus", der ewige König. Das von Olav geschaffene Recht besaß Status als Grundlage für Recht und Gerechtigkeit. In ihren Erlassen und Briefen verwiesen die Könige immer wieder auf ihn, selbst als Norwegen schon lange nur noch als Teil von Dänemark existierte.

Bis in die Gegenwart hinein reichen die Zeichen. Denn die Axt, welche der Löwe im norwegischen Staatswappen in seinen Klauen hält, gilt als die Märtyreraxt des Heiligen Olav. Und in der norwegischen Nationalhymne hat der Dichter Bjørnstjerne Bjørnson Olavs Heldentat verewigt, die seit jener Zeit Norwegen geprägt hat: „Olav schrieb das Kreuz mit seinem Blut auf's Land."

Stiklestad – ein Wendepunkt

Die Schlacht von Stiklestad am 29. Juli 1030 stellt einen Wendepunkt in der norwegischen Geschichte dar. Der Übergang von einer altnorwegischen Häuptlingsgesellschaft zur Zentralmacht eines Königs und zum Christentum formte das Land. Kirche und Monarchie waren im Mittelalter von entscheidender Bedeutung für das Entstehen der norwegischen Nation. Stiklestad besitzt daher für den norwegischen Staat sowie dessen Monarchie und Kirche eine wichtige Symbolfunktion

Heute finden in Stiklestad das ganze Jahr hindurch Veranstaltungen statt, für die die Schlacht und der Heilige Olav den historischen Hintergrund abgeben. Während der Olsok-Tage Ende Juli kommen mehr als 50.000 Besucher, um das *Spiel über Olav den Heiligen* zu besuchen; ferner findet sich ein pulsierendes Kulturleben mit Ausstellungen, Vorträgen, Konzerten und einem Wandertheater. 2008 beginnt man mit dem Bau von *Stiklastadir*, der Kopie eines mittelalterlichen Hofs in Stiklestad. Hier sollen die Besucher über historische Tatsachen und Überlieferungen zu König Olav Haraldsson informiert werden, sowie die Schlacht von Stiklestad und die Pilger, welche zu seinem Todesort pilgerten.

Die Kirche von Stiklestad (aus dem Jahr 1180) mit einem Meilenstein des Pilgerpfads im Vordergrund.
Foto Per Steinar Raaen © Stiklestad Nasjonale Kultursenter

Das Spiel vom Heiligen Olav. Foto Leif Arne Holme © Stiklestad Nasjonale Kultursenter

Das Spiel über den Heiligen Olav

Das Spiel wird auf der Freilichtbühne von Stiklestad aufgeführt und bietet im Norden die größte und in Norwegen die älteste Aufführung einer Freilichtbühne. Die Handlung selbst ist auf dem Hof von Suul angesiedelt. Olav Haraldsson kommt im Juli 1030 über die Berge aus Schweden, um die Königsmacht zurück zu erobern. Die auf dem Hof spielenden Szenen machen uns mit den Vorbereitungen zur Schlacht vertraut.

Pilgern nach Stiklestad

Stiklestad kann mit Finisterre in Spanien verglichen werden, dem Endpunkt des Pilgerwegs nach Santiago de Compostela. Stiklestad ist – zusammen mit Nidaros – der Endpunkt für die Pilgerwege in Norwegen. Sie können Stiklestad das ganze Jahr besuchen, aber man kommt natürlich am besten während der Olsok-Tage zu Besuch. Die Pilgerwege nach Stiklestad sind beschrieben unter www.pilegrim.info.

Zu Wasser und zu Land

Arnulf Selnes

Auf den öffentlichen Wegen des Mittelalters wanderten Scharen von Pilgern. Einige suchten am Schrein des Heiligen Olav Linderung für körperliche Gebrechen, andere ihr Seelenheil. Einige befanden sich wegen ihrer Untaten auf einem Bußgang, andere trieb reine Abenteuerlust hinaus. Insgesamt waren es jedes Jahr ein paar tausend Männer und Frauen, eine für die damalige Zeit recht große Anzahl, besaß doch selbst Nidaros, das heutige Trondheim, lediglich zwei- bis dreitausend Einwohner. Die meisten Pilger aus dem Süden benutzten wahrscheinlich die Hauptroute über das Dovregebirge, folgten dem Tal der Orkla bis nach Svorkmo und wanderten danach über die Hügel nach Skaun, 35 Kilometer vor Nidaros.

35 Kilometer galt bei fahrendem Volk als eine volle Tagesreise. Sie wurde in vier, ungefähr gleich lange Etappen von jeweils neun Kilometern eingeteilt, sogenannte „rost", an deren Ende sich Rastplätze und Weiden für die Pferde befanden. Pilger und andere langsam Reisende dürften pro Tag kaum mehr als zwei solcher kurzer Tagesetappen bewältigt haben. Deshalb wird sich, jedenfalls entlang der Hauptroute, am Ende jedes zweiten „rost" eine Herberge bzw. Übernachtungsmöglichkeit befunden haben.

In Trøndelag, hinter Skaun führte der Weg durch Buvika und Halsbrekka nach Øysand am Ufer des Trondheimer Fjords. Hier überqueren die Pilger die Mündung des Flusses Gaula mit der Fähre und wanderten dann durch den heutigen Trondheimer Stadtteil Byåsen, das damalige Gaularåsen, nach Nidaros. An diesem letzten Reisetag nahmen sich die Pilger etwas mehr Zeit und absolvierten vielleicht nur einen „rost". Damit hatten sie Zeit für einen Aufenthalt in „Feginsbrekka", dem sogenannten „Seligkeitsberg", von dem aus sie das ersehnte Ziel zum ersten Mal sehen konnten. Entsprechende Aussichtspunkte (lat. mons gaudii) existieren auch oberhalb von Prag, Jerusalem und Santiago de Compostela („mont gozo" auf Galisisch). Die letzten zwei Rastplätze vor Nidaros, beide eventuell

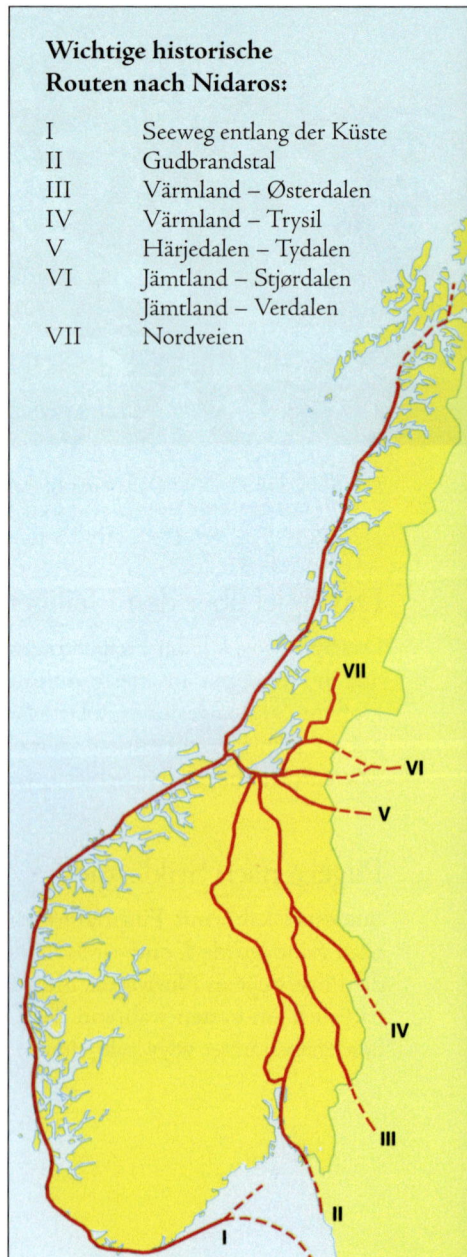

Wichtige historische Routen nach Nidaros:

I	Seeweg entlang der Küste
II	Gudbrandstal
III	Värmland – Østerdalen
IV	Värmland – Trysil
V	Härjedalen – Tydalen
VI	Jämtland – Stjørdalen
	Jämtland – Verdalen
VII	Nordveien

mit Herbergen, lagen höchstwahrscheinlich an der Fähre über die Gaula und im Gebiet Kystad/ Vådan im heutigen Byåsen.

Weiter östlich lagen die Pilgerwege, welche von den strengen Büßern unter den Pilgern benutzt wurden. Fernab jeder Bequemlichkeit schlugen sie sich durch die Wildnis und glaubten bei ihrem Weg über das Gebirge, dem Himmel und damit Gott näher zu kommen. Ihr Weg mündete am etwas südlich von Trondheim gelegenem Massiv des Vassfjellet in die Hauptroute.

Im Vassfjellet, am Weiher Evenstjønna mit seinem heiligen Wasser und der St.Evans-Kapelle, schauten die Wanderer auf das im Norden gelegene Nidaros. Danach stiegen sie hinab nach Rosten und benutzten für das letzte Stück bzw. „rost" durch Byåsen die Hauptroute. Viele Pilger kamen auch aus Schweden und Ländern weiter östlich. Ihnen galt als der „heiligste" Weg der, der Sankt Olavs weg, den der heilige König selbst bei seiner Reise durch das schwedische Jämtland nach Verdal und Stiklestad benutzt hatte. Von Stiklestad wanderten die Pilger über Lånke nach Nidaros.

Die Pilger benutzten auch den Seeweg nach Nidaros, bestanden doch zahlreiche Verbindungen zwischen den Ländern rund um die Nordsee. Pilger kamen aus Irland und England, von der Isle of Man und Schottland und aus den Weiten des damaligen norwegischen Reichs, von den Färöern, von Island und Grönland. Andere Pilger wiederum benutzten den Seeweg entlang der norwegischen Küste.

Ungefähr im Jahre 1075 schrieb der gelehrte Adam von Bremen:

„Die Hauptstadt der Norweger ist die „civitas Trondemnis", die Stadt Trondheim, welche jetzt mit Kirchen geschmückt ist und von einer großen Zahl Menschen besucht wird. Dort ruhen die Gebeine des hochseligen Königs und Märtyrers Olav. Heute noch vollbringt der Herr an seinem Grab große Wunder und heilt die Menschen, so daß mannigfaltig Menschen, die hoffen, durch die guten Taten dieses heiligen Märtyrers geheilt zu werden, hierher strömen „a longinquis regionibus", aus fernen Gegenden. Von Ålborg oder Vendsyssel in Dänemark, wo man an Bord geht, reist man an einem Tage über das Meer nach Vik, einer Stadt in Norwegen (wahrscheinlich das heutige Tønsberg). Von hier aus reist man weiter links die Küste Norwegens entlang und kommt am fünften Tage zu selbigen Trondemnis. Man kann auch auf einem anderen Weg reisen, aus der dänischen Provinz, Skåne, über das Land bis nach Trondemnis. Jedoch kommt man nicht so schnell voran im Bergland, und die Reisenden sträuben sich gegen diesen Weg, weil er voll von Gefahren ist."

St.Michael und der besiegte Drachen; gefunden im Vassfjellet. Foto Vitenskapsmuseet

Für die Seereise vom Oslofjord bis nach Nidaros benötigte man wohl eher einen Monat als fünf Tage. Auch waren lange Seereisen teuer und unberechenbar wegen des vielen Wartens auf gute Wetterverhältnisse. Deshalb wurde der Seeweg entlang der Küste eher für den Transport von Waren als für die Beförderung von Personen benutzt. Lange Reisen unternahmen die Menschen wenn möglich zu Lande, und deshalb herrschte auf den Wegen ständig reger Verkehr. Selbst die Angehörigen des Königshauses reisten zu Lande und dies auf jeden Fall, wenn sie sich auf einer Pilgerfahrt oder gar einem Bußgang befanden.

Pilgerrouten nach Trondheim

Im Mittelalter standen Kirchen in Byneset, Bratsberg, Klæbu, Leinstrand und Tiller. Die Skizze zeigt den heutigen Standort dieser Kirchen. Zu den Kirchen im mittelalterlichen Trondheim siehe das Stadtmodell auf S. 39.

Skizze: Børge Engberg

Von Sundet nach Nidaros

Arnulf Selnes

Von Sundet, an der Mündung der Gaula in den Trondheimer Fjord gelegen, bis zum Nidarosdom sind es ca. 20 Kilometer. Sundet liegt an der Fernverkehrsstraße, dem „riksvei" 707, ungefähr vier Kilometer hinter Klett in Richtung Byneset.

Kastberga liegt in der Nähe des kleinen Sees Hestsjøen. Man erreicht Kastberga, wen man entweder dem Pilgerpfad von Sundet über Skjefstad folgt, den Ringvålvei von Heimdal aus benutzt

Kürzere Pilgerwanderungen

- **Kastberga – Lian** (6,8 km): Ca. 200 m östlich der Kreuzung Smistadgrenda/Ringvålvei Richtung Kastberga abbiegen; dem Schild „Sivilforsvaret" folgen.

- **Lian – Nidarosdom** (7,8 km): Mit der Straßenbahn von der Stadtmitte (St. Olavs gate) bis zur Endstation in Lian; hier dem Lianvei und dem Gamle Lianvei bis zum See Kyvatnet folgen; danach über Antonie Løchens vei, Dalhaugvei, Torshaugvei, Lagmann Lindboes vei und Fjellsetervei nach Sverresborg.

- **Sverresborg – Nidarosdomen** (4,2 km): siehe Routenmarkierung auf der Karte von Trondheim, S. 50.

oder den Smistadvei von Leirbrua im Stadtteil Byåsen. Auf dem Ringvålvei ist der Abzweig nach Kastberga ein paar hundert Meter von der Kreuzung Smistadvei/Fjøsvollan in Richtung Heimdal ausgeschildert.

Sundet

Anfang des 18. Jahrhunderts wurde die südliche Hauptverbindungsroute aus dem Tal der Orkla in das der Gaula verlegt. Trotzdem blieb die Route über Skaun als der alte „kongeveien", der für den König angelegte Reitweg zwischen West-norwegen und Trondheim, erhalten.

Fährmann; Holzschnitzerei vom Hof Sundet. Foto Ola Storhaugen

Bis 1859 blieb Sundet an der Mündung der Gaula ein bedeutender Verkehrsknotenpunkt. Hier legten Schiffe und Boote an, befand sich ein Gasthof und Marktplatz und überquerte eine Fähre die Gaula.

Von Sunde aus verläuft der Pilgerweg bergan auf dem vom „Generalwegemeister" Krogh 1788 neu angelegten „kongeveien".

Teile des ursprünglichen Reitwegs liegen in dem Gebiet unterhalb von Skjefstad.

Der Hofname Skjefstad kann auf „skipstad", Schiffsplatz, zurückgeführt werden und erinnert damit an einen älteren Fähranleger, der eventuell durch einen Erdrutsch verschüttet wurde.

Wie in alten Tagen setzt John Wanvik die Pilger über. Foto Ola Storhaugen

Königsstein

Anfang des 18. Jahrhunderts wurde der nach Süden führende „kongeveien" in das Tal der Gaula verlegt und nahe bei Kastberga mit der alten Route verbunden. An der Wegkreuzung entwickelte sich ein lebhafter Marktplatz. Etwa zur gleichen Zeit wurde der Weg ausgebaut, so daß er mit Wagen benutzt werden konnte. Wenn man von Kastveien losmarschiert, sieht man heute noch ein Stück des älteren Reitweges neben dem alten Weg. Die Benutzung des Weges und die daraus folgende Unterspülung führten zu seiner deutlichen Absenkung, so daß sich ein Hohlweg ausbildete. Noch immer deutet die schmale V-Form auf den ursprünglichen Reitweg. Etwas oberhalb der später angelegten Fahrstraße liegt der „kongesteinen",

Hohlweg bei Kastberga. Foto Bjørn Sæther

21

der „Königsstein", ein glatter, abgerundeter, mehrere Meter breiter Felsen. Nach altem Brauch wurde bis Ende des letzten Jahrhunderts der Königsstein jede Johannisnacht mit Wacholder- und Tannenzweigen geschmückt. Der Sage nach sollen unter diesem Stein, der wahrscheinlich zum Grundgestein gehört, drei Könige begraben sein.

Kastberga

Von Kastberga aus sieht man südwestlich gen Rørmyra, Øyberget und Halsbrekka und im Süden das Tal der Gaula. Hinter uns, bei Kastveien, liegt der aufgegebene Häuslerhof „Kastet" („Wurf"). Der Name zeugt vom Glauben an übernatürliche Mächte und vorchristlichem Aberglauben, der das Mittel-alter prägte und bis in das 18. Jahrhundert hinein lebendig war. Dem Aberglauben zufolge sollte man an unübersichtlichen Stellen des Kastveien einen Ast oder Stein werfen, um Kobolde und Trolle rechtzeitig zu warnen. Konnten die Kobolde nicht mehr rechtzeitig verschwinden, ließen sie aus Rachsucht die Pferde scheuen.

Die Pilger ritten oder gingen zu Fuß, und selbst der dänische König Christian V. benutzte im Jahre 1685 den „kastveien" auf seiner Reise durch Norwegen. Der letzte König, der diesen Weg entlangritt, war Christian VI. im Jahre 1733. Der „kastveien" blieb bis zum Jahre 1772 die Hauptverbindung mit den südlichen Landesteilen Norwegens, der „kongevei" bis 1788 die Verbindung nach Westnorwegen. Auf unserer Wanderung geht man das letzte Stück bis Smistad auf einem heute nicht mehr benutzten Stück des Wegs, der von Krogh neu angelegt wurde und 1788 den Kastveien ablöste.

Richtung Leirsjøen

Von Smistad aus wanderten die Pilger vermutlich über Kystad nach Nidaros. Heute führt unser Weg auf einem anderen Pfad am See Leirsjøen vorbei und weiter hinab durch die Vestmarka. Bevor der See Leirsjøen Anfang des 19. Jahrhunderts aufgestaut wurde, kreuzte der Weg den alten Abfluß direkt oberhalb der kleinen Insel im See.

Frøset

Der alte Hof am Leirsjøen mit dem Namen Frøset wurde aufgegeben, die Häuser sind jedoch in gutem Zustand er-

Auf sumpfigen Wegabschnitten legte man im Mittelalter oft Knüppeldämme an. Zeichnung: Aud Beverfjord

Die Festung Sverresborg zu Zeiten von König Sverre (Rekonstruktion: Gerhard Fischer)

halten geblieben. Es wird vermutet, daß Frøset in vorchristlicher Zeit eine Kultstätte für die Fruchtbarkeitsgöttin Frøy war. Die Kultstätten für Frøy pflegten etwas abseits von menschlichen Ansiedlungen und an alten Wegen zu liegen.

Vådan

In Vådan, von altnordisch „viðr" „Wald", trafen bereits in vorchristlicher Zeit mehrere Wege aufeinander. Ein Seitenweg aus Skaun führte – nachdem man zwischen Børsa und der Kirche von Byneset den Fjord überquert hatte – über Bergskaret, Skjelbreia und Vådan nach Kystad. An diesem Weg befinden sich mehrere Gräber aus der Eisenzeit. Von Vådan aus führte ein Reitweg über Solem und Lian und durch die Vestmarka hinab zur Stadt, also ungefähr dort, wo heute der „Gamle Lianvei" aus dem Jahre 1846 verläuft, dem wir folgen.

Grenzsteine

Königliche und andere hochwohlgeborene Gäste der Stadt wurden in Zeiten der dänischen Herrschaft von den Oberen der Stadt an einem Grenzstein in Dalhaug willkommen geheißen. Der Grenzstein war eine „rodemerke", anscheinend eine Markierung für den der Stadt gehörenden Wald. Er diente auch als eine Grenzmarkierung gen Strinda, dem Gebiet südlich und östlich von Trondheim, wie als Grenze zum Waldgebiet Bymarka. Leider verschwand der Stein in den fünfziger Jahren unseres Jahrhunderts. Der Weg, der von hier aus weiter nach Sverresborg führt, bildete dann die Grenze zwischen Bymarka und Strinda. Das gesamte Gebiet vom Fluß Nidelven bis hier hinauf gehörte zu den beiden Strinda-Höfen Havstein und Stavne. Im Garten des Grundstücks Torshaugvei 5 befindet sich noch immer der Grenzstein des Hoffräuleins Catharina Meincke Lysholm aus dem Jahre 1788. Dieser markierte die Grenze zwischen ihrem Hof „Havstein" und dem Nachbarhof „Stavne Øvre". Abgesehen von einigen Häulerkaten existierte in diesem Gebiet vor 1800 keine Bebauung. Im Mittelalter stand hier dichter Wald. Torshaug in der Bymarka wurde als Almhof für Kystad genutzt.

Festung Sverresborg

Geschützt durch eine Ringmauer lag auf dem Gipfel des Steinberget die Festung Sverresborg, die König Sverre ab dem Jahre 1182 errichten ließ. Das Baumaterial wurde aus einem Steinbruch unterhalb von Marienberg herbeigeschafft, dicht am Weg unten in Nidarli. König Sverre selbst gab der Burg den Namen „Zions Burg". Als studierter Geistlicher bezog er sich mit solch einer Namensgebung ausdrücklich auf Jerusalem, das Zion der Bibel, welches gen Westen und den Tag des Jüngsten Gerichts durch die Feste Zions geschützt wurde. König Sverre wußte auch um die Verbindung zwischen Olavslegende und dem Bibelpsalm 48, Vers 2/3: „Groß ist der Herr und hoch zu rühmen in der Stadt unseres Gottes, auf seinem heiligen Berge. Schön ragt empor der Berg Zion, daran sich freut die ganze Welt, der Gottesberg fern im Norden, die Stadt des großen Königs."

Tavern

Heute befindet sich rund um die Ruinen der Sverresborg das Volkskundemuseum, welches mit seinen zahlreichen Gebäuden und Sammlungen zu einem Besuch einlädt. Ebenfalls unterhalb der Sverresborg steht das alte Wirtshaus „Tavern", welches ursprünglich (und bis 1950) an der Mündung des Flusses Nidelven in Brattøra stand und im 18. und 19. Jahrhundert das Wirtshaus des Fährmanns war. Wie schon die mittelalterlichen „tafernishús" die vorbeiziehenden Pilger und Reisenden bewirtete, so dient heute das „Tavern" als Wirtshaus für alle, die hier vorbeikommen und hereinschauen.

Hadriansplatz mit Olavsquelle. Zeichnung: Kari Støren Binns

Feginsbrekka

Von der Sverresborg führte der Pilgerweg zu einer steilen Bergkante in Nidarli. Hier, im heutigen Sverdrupsvei, lag höchstwahrscheinlich „Feginsbrekka", der „Seligkeitsberg", von dem aus die Pilger zum ersten Mal die Stadt erblickten und damit das Ziel ihrer Reise, den Nidarosdom. Selig genossen sie die Aussicht, fielen auf die Knie, beteten und priesen den Herrn, so wie es die norwegische Schriftstellerin Sigrid Undset in ihrer Romantrilogi „Kristin Lavransdatter" (Bd. 2 „Die Frau", dt. 1926), ausmalte:

„Kristin stand am Feginsbrekka und sah auf die im goldenen Abendlicht liegende Stadt. Jenseits der glitzernden, breiten Schleifen des Flusses lagen braune Höfe mit grünen Grasdächern, mit dunklen Laubkuppeln in den Gärten, lagen helle Steinhäuser mit Stufengiebeln, Kirchen mit dunklen Schindeldächern oder matt schimmernder Bleideckung. Über das grüne Land und die herrliche Stadt erhob sich jedoch der Dom so gewaltig und strahlend hell, als läge ihm alles zu Füßen." Die genaue Lage dieses Aussichtspunktes wurde uns nicht überliefert. Folgt man dem markierten Weg zum Aussichtspunkt „Utsikten", kann man auch heute von hier aus eine wunderbare Aussicht über Trondheim genießen.

Ilevollene, Hospitalet und Kalvskinnet

Unterhalb von Feginsbrekka und dem heute waldbedeckten Abhang lagen seinerzeit die kahlen Weiden von Ilevollen, im Jahre 1182 Schauplatz der Schlacht zwischen König Sverre und König Magnus Erlingsson. Auf der gegenüberliegenden Seite von Ilevollen, in Nidareid, wurde seinerzeit der Zugang zum Stadtgelände mit Hilfe einer hölzernen Festungsanlage mit Palisadenzaun und Burggraben gesichert, die der Erzbischof Øystein Erlendsson im Winter 1177–78 erbauen ließ. Ebenfalls weit außerhalb der eigentlichen Stadt lag das Hospiz, das sogenannte „Hospitalen", in dem man sich der Armen und Kranken annahm und das als Herberge für weitgereiste und kranke Pilger diente. Erst an der heutigen Munkegate begann die mittelalterliche Stadt. Zwischen Munkegate und Nidareid erstreckte sich der „åkeren", der „Acker", später „Kalvskinnet", „Kalbsfell" genannt. Die eigentümliche Bezeichnung bezieht sich auf den Pächter, der dieses Stück Land bewirtschaftete bzw. darauf, dass er seinen Pachtzins angeblich in Form eines Kalbsfells an den Grundherren entrichten musste.

Olavsquelle

In den Flusswiesen, „Marinen" genannt, liegt dicht neben der Elgeseter-Brücke der Hadriansplatz, benannt nach dem Papst Hadrian IV. (1154–59). In Norwegen ist er besser als Kardinal Nicolaus Brekespeare bekannt, der im Jahre 1153 als Abgesandter des Heiligen Stuhls das Erzbistum Nidaros gründete. Am Hadriansplatz bzw. in der hohen Moräne dahinter, entspringt die Olavsquelle, während sich der Olavsbrunnen selbst im Nidarosdom befindet. Der Überlieferung zufolge steht der Hochaltar des Doms über jenem Punkt in der Moräne, in dem Olavs sterbliche Überreste zuerst begraben worden waren. Anderen historischen Aufzeichnungen zufolge lag das Grab neben der später fast in Vergessenheit geratenen Olavsquelle.

Von Saksvikkorsen nach Nidaros

Aud Beverfjord

Die nördliche Pilgerroute nach Trondheim beginnt in Skalstugan im schwedischen Jämtland und führt über Sul und Stiklestad nach Trondheim. Sehr viele der von Osten und Norden kommenden Pilger wanderten nach Stiklestad, der Walstatt, auf der Olav Haraldsson gefallen war. Vom nahe gelegenen Verdal aus zog sich der Weg über Levanger und Stjørdal nach Malvik. Hier, bei dem See Foldsjøen in der Mostadmark soll im Mittelalter eine Kapelle gestanden haben, welche die Pilger benutzten. Die Quellen lassen darauf schließen, dass der öffentliche Weg von der Mostadmark über Jonsvatnet, Bratsberg und die Elgeseter Brücke nach Trondheim hineinführte. Wir verlassen jedoch am See Foldsjøen diese Route und gehen Richtung Kjerkstien bei Bakken in Malvik. Bei Saksvikkorsen passiert man die heutige Stadtgrenze von Trondheim.

Kürzere Pilgerwanderungen

- **Saksvikkorsen – Ringve-Museum** (9,8 km): Die Route verläuft entlang des Bostadvei und Ranheimsvei bis zum Nordlivei im Stadtteil Nedre Charlottenlund (dicht vor der Bahnunterführung). Weiter dem Nordlivei und Sjøvei bis zum Hof Rotvoll Nedre folgen und ab hier den Wanderweg („naturstien") am Fjordufer entlang bis Fagerheim benutzen. Von hier aus dem Smestudvei und der Olav Engelbrektsson allé bis zum Ringve Museum folgen (siehe Übersichtskarte Trondheim, S. 50).

- **Ringve Museum – Nidarosdom** (4,6 km, ohne Abstecher): Empfehlenswert ist der Abstecher, welcher von der Ringvebukt rund um die Halbinsel Lade („Østmarkneset") bis zur Bucht Korsvika führt. Von hier die Korsvik allé hinauf zur Lade-Kirche und weiter der Route auf der Übersichtskarte Trondheim folgen.

Aussicht von Saksvikkorsen über den Trondheimer Fjord; im Hintergrund die Halbinsel Lade. Foto Bjørg Hernes

Die Route, der wir von hier aus folgen, gehörte nicht zum mittelalterlichen Wegenetz, führt jedoch durch eine Landschaft, die dem Wanderer zahlreiche kleine Sehenswürdigkeiten bietet.

Saksvikkorsen ist ein alter Ortsname, der auf eine historische Person verweist, die in den Sagen des isländischen Erzählers Snorre als „Saksi á Vík", als „Sachse aus Vik", bezeichnet wird. Dessen Hof „Vik" muß in der Nähe von Saksvikkorsen gelegen haben. Hier befindet sich heute ein Meilenstein, der anzeigt, dass es von hier aus noch 14 km bis zum Nidarosdom sind. Westlich dieser Weggabelung liegt unter einer kleinen Erhöhung im Gelände ein Grab aus der Eisenzeit.
Heute liegt der Grabhügel etwas versteckt im Unterholz. Als er jedoch in der Eisenzeit angelegt wurde, war dies anscheinend ein bewusst gewählter Standort, war doch der Grabhügel besonders gut vom Fjord aus zu sehen. Bei der Wanderung auf dem Pilgerweg kann man die wunderbare Aussicht über den Fjord und die Halbinsel Lade genießen.

Oberhalb der alten Europastraße E 6 geht es dann an den Bauernhöfen von Være vorbei. Bis zum Stadtteil Charlottenlund folgt der Pilgerweg dem Ranheimsvei. Nach Være passieren wir Ranheim, beides übrigens Bezeichnungen für Bauernhöfe, die aus der älteren Eisenzeit stammen. Die Wanderung führt an weiteren Grabhügeln aus dieser Zeit vorbei. Das am Flüßchen Vikelva gefundene Brückenfundament scheint dagegen aus dem Mittelalter zu stammen.

Wie schon bemerkt, dient die Silbe „Vik",„Bucht", oft als Bezeichnung für die Höfe dieser Gegend. Neben dem eigentlichen Vik gab es noch die Nachbarhöfe Nervik und Overvik. Letzterer wurde ebenfalls unter dem Namen „Nygården" geführt. Vermutlich handelt es sich um den alten Hof, der lediglich vom Ufer den Hang hinauf verlegt wurde. Selbst der hier mündende Bach erhielt seinen Namen nach diesem Hof. Der ursprüngliche Bauernhof Vik muß westlich des Baches gelegen haben, so dass der Bach dessen östliche Grenze bildete.

Das Gut Leangen aus dem Jahre 1820 dient heute der Stadt Trondheim für Repräsentationszwecke und als Konferenzzentrum. Foto Helén Eliassen

Auf dem aus Vik ausgegliederten Bauernhof Presthus stehen zwei „bautastein", „Gedenksteine" aus vorchristlicher Zeit. Diese befanden sich ursprünglich wahrscheinlich an der Pilgerroute, die zwischen den Höfen von Lade nach Saksvik verlief oder sogar noch weiter östlich. Laut dem Lokalhistoriker Gerhard Schøning (1722–1780, Rektor der Kathedralschule und Lokalhistoriker) habe hier im Mittelalter eine Kirche gestanden; dies gilt jedoch nicht als gesichert. Sicher hingegen ist, daß die Höfe Nedre Vik, Øvre Vik (Overvik) und Presthus – das vorher als „Nedre Vig" bezeichnet wurde – zu den mittelalterlichen Klostergütern gehörten, erst zum Bakke- und dann zum Elgeseter-Kloster. In dieser geschichtsträchtigen Landschaft liegt der Hof Grilstad, eine merkwürdige Hofbezeichnung, die sonst nicht verwendet wurde. Wahrscheinlich leitet sich die erste Silbe aus der alten Bezeichnung für den Bach ab, der hinter dem Hof vorbeifließt. Weiter östlich liegt ein Grabhügel, der auf die Herkunft dieses Hofes aus der Eisenzeit hinweist.

Wir wandern an Schule und Kirche von Ranheim vorbei und weiter gen Charlottenlund. Dicht vor der Bahnunterführung zweigt der Pilgerweg von der Straße ab und verläuft durch das heutige Wohngebiet im Nordlivei. Durch den Sjøvei und den Stuttveien geht es hinab zum Ufer des Fjords. Wir betreten den erst kürzlich angelegten Uferweg, welcher sich rund um die Halbinsel Lade bzw. „Østmarknesa" bis nach Korsvika zieht. Linker Hand, auf dem Gelände des alten Hofes Rotvoll liegt die Fakultät für Lehrerausbildung, Hochschule Sør-Trøndelag. Archäologische Untersuchungen ergaben, dass schon zur Bronzezeit hier Ackerbau betrieben wurde. Der Name „Rotvoll", „Wurzelwiese", deutet auf die Urbarmachung des Landes durch Rodung hin.

Der Weg über die kleine Halbinsel Rotvoll führt uns zur unterhalb vom Forschungszentrum des Ölkonzerns Statoil gelegenen Leangenbucht. Linker Hand liegt das Gut Leangen. Dessen neue Gebäude wurden 1820–21 errichtet und etwa gleichzeitig ein Englischer Garten angelegt. Der Name „Leangen" bedeutet „die lehmige Bucht", und das Gut liegt in der Tat an einer sehr seichten und lehmigen Bucht. Man kann die gute Aussicht über den Fjord genießen, schaut hinüber nach Leksvig und tief fjordeinwärts nach Frosta. Die Insel Tautra hebt sich mit ihrem charakteristischen Profil deutlich ab.

Auf Tautra befinden sich die Ruinen eines Zisterzienserklosters, das Mönche des Klosters in Lyse bei Bergen 1207 hier gründeten. Als selbständiges Kloster bestand es bis zum Jahre 1532 und wurde 1537 dem königlichen Besitz zugeschlagen.

Die Kirche zu Lade; der älteste Teil der Kirche stammt aus dem Jahre 1180. Foto Carl-Erik Eriksson

Der Uferweg führt weiter nach Smedstua, wo der Pilgerweg abzweigt und in den Smedstuvei mündet. Man kann jedoch auch dem „Ladestien" am Ufer bis zur Bucht Korsvika folgen und von dort aus zur Kirche in Lade laufen. Folgt man dem Pilgerweg, geht man durch den Smedstuvei und das Wohngebiet weiter zur Olav Engelbrektssonallé. Von der Allee biegt man links ab, verläßt das Wohngebiet und betritt den Botanischen Garten Ringve. In ihm liegt das heutige Museum von Ringve, ursprünglich ein Gutshof, der im 18. Jahrhundert dem Vater des populären norwegischen Seehelden Peter Wessel Tordenskjold gehörte. In den fünfziger Jahren unseres

Das Gut Lade, ursprünglich Sitz eines Wikingerhäuptlings. Die heutigen Gebäude stammen aus dem Jahre 1811. Zeichnung: Svein T. Rasmussen

Ringve Museum, Norwegens einziges Museum für Musikinstrumente. Die Gebäude stammen aus der 2. Hälfte des 19. Jahrhunderts. Foto Ringve Museum

Jahrhunderts baute die aus Rußland stammende Victoria Backhe in Ringve ein Musikinstrumente-Museum auf. Die Wohngebäude beherbergen heute eine wertvolle Sammlung alter Instrumente, während die Scheune zum Konzertsaal umgebaut wurde.

Von Ringve aus erreicht man auf der Ladeallé den ehemaligen Gutshof Lade. Ringve war wahrscheinlich bereits in mythischer Frühzeit ein Teil von Lade, war es den Quellen zufolge jedenfalls bis zum Jahre 1661. Devle, ein Hof, der nordöstlich dicht bei Ringve liegt, gehörte ebenfalls ursprünglich zu Lade. Die Bezeichnung Lade stammt von „hlað", „Lagerplatz", „Aufbewahrungsort", und vor langer Zeit wird hier ein Stapel- und Lagerplatz für Waren gewesen sein. Der isländische Erzähler Snorre berichtet vom norwegischen König „Harald Silberhaar", der in dieser Gegend einen großen Hof besessen haben soll.

Wahrscheinlich baute König Harald einen älteren Hof zu seinem Königssitz aus, denn in Lade existierte bereits in vorchristlicher Zeit eine Kultstätte. An dieser forderte der norwegische König Olav Tryggvason die mächtigen Häuptlinge der Region Trøndelag heraus, als er deren heidnischen Tempel niederbrannte. Unter Olav dem Heiligen wurde Lade zu königlichem Besitz erklärt und später dem Bakke-Kloster zugeschlagen. Die heutigen großzügigen Gebäude ließ

1811 der Großkaufmann Hilmar Meincke errichten. Gegenüber dem Gut steht die Kirche von Lade, deren ältester Teil aus dem 12. Jahrhundert stammt.

Der weitere Weg zum Nidarosdom führt durch die Straßen Jarlevei, Ladevei, Mellomvei, Grundtvigsgate, Lademoenallé und Arne Buggesgate. Der heutige Stadtteil Lademoen wurde vom Lokalhistoriker Gerhard Schøning noch als „eine große, schöne und ebene Strecke" beschrieben. In der zweiten Hälfte des 18. Jahrhunderts war die Landschaft mit Gebüsch und Unkraut zugewachsen, wies jedoch deutliche Spuren früherer landwirtschaftlicher Bearbeitung auf. Laut Schøning gab es mehrere „Riesen-Haufen", Grabhügel aus Sand und Steinen.

Der Pilgerweg führt an Lademoen Kunstnerverksteder vorbei und kreuzt den Inherredsvei. Wir folgen der Stadsingeniør Dahlsgate bis zum Weidemannsvei, der an den Hügeln unterhalb der Festung Kristiansten endet. Die Festung wurde 1681–84 nach Plänen des Generals Johan Caspar von Cicignon errichtet. Von hier aus genießt man einen weiten Blick über den Fjord und die der Stadt vorgelagerte kleine Insel Munkholm. In alten Zeiten diente Munkholm als Richtstätte. Nachdem er seinen Herrn, den letzten heidnischen Häuptling „jarl" Håkon, getötet hatte, wurde der Sklave Kark im Jahre 995 auf Munkholm enthauptet und sein Kopf auf eine Lanze gespießt. Im Mittelalter herrschte eine friedlichere Atmosphäre, und die Benediktiner bauten Anfang des 12. Jahrhunderts das Kloster Nidarholm. Es war dem Heiligen Laurentius geweiht, dem Schutzheiligen der Armen und Kranken. Mit der Reformation wurde das Kloster 1537 aufgelöst.

Durch die Kristianstensgate geht es steil den Kristianstensbakken hinab, und über die Alte Stadtbrücke gelangt man auf die andere Seite des Flusses Nidelven. Hinter der Brücke biegen wir ein letztes Mal links ein und erreichen die Flußwiesen, den Hadriansplatz und damit den von Süden kommenden Pilgerweg.

Die Landschaft im Mittelalter

Bjørn Sæther

Die Landschaft betrachten wir als unveränderlich und damit fast als ewig, selbst wenn wir fast täglich Veränderungen in ihr wahrnehmen. Berge, Täler, Seen, Strände und das Meer begleiten unseren Lebensweg als scheinbar unveränderbare, statische Größen und verändern sich doch andauernd in den verschiedenen Jahreszeiten, durch die Eingriffe des Menschen und dramatische Naturkatastrophen.

Von diesen wurden auch die Pilger betroffen, welche durch das Tal der Orkla oder über Hølonda kamen und den Fluß Gaula überqueren mussten. Genau hier, zwischen der heutigen Brücke in Hage und Hovin kam es 1345 zur größten Naturkatastrophe der norwegischen Geschichte, zumindestens was die Anzahl der Todesopfer betrifft. Ein mächtiger Erdrutsch ließ die Uferböschungen einstürzen, so dass die Gaula bis zu einer Höhe von 30 Metern über Normalniveau aufgestaut wurde. Nach ein paar Tagen durchbrachen die aufgestauten Wassermassen das Hindernis und ca. 150 Mio. Kubikmeter Lehm, Kies und Wasser rasten durch das Tal und in den Fjord. Die isländischen Skålholt-Annalen überliefern, dass dabei 250 Menschen umgekommen sein sollen. Wegen der anonymen Armen und Reisenden dürfte diese Zahl jedoch wahrscheinlich doppelt so hoch liegen. Die Annalen berichten weiter, dass das Tal viele Jahre unzugänglich war und daß die Mündung der Gaula aufgefüllt und ein Stück weit verlagert wurde. Auch nach der Katastrophe von 1345 bedrohten immer wieder kleinere und größere Erdrutsche den Weg nach Nidaros.

Veränderungen der Vegetation

Damals, zu Zeiten der Wallfahrten nach Nidaros, durchwanderten die Pilger noch einen ganz anders beschaffenen Wald als den, den wir heute kennen. Wo heute dichte Tannenwälder stehen, wuchsen gegen Ende der Wikingerzeit noch Kiefern und Birken. Tanne und Fichte sind „Neulinge" in der norwegischen Flora und gab es vor tausend Jahren nicht in der mittelnorwegischen Region Trøndelag. Entlang des heutigen Pilgerpfads im Orklatal tauchten Tannen und Fichten erst im späten Mittelalter auf. Sie brauchten mehrere hundert Jahre, bis sie sich als der uns heute vertraute, dichte und dunkle Tannenwald durchgesetzt hatten. Im Wald des Mittelalters dominierten hingegen Kiefern, Birken und andere Laubbäume. Die meisten dieser Laubbäume werden von Insekten bestäubt und produzieren weniger Pollen als Arten mit Windbestäubung. Da die Bohrproben aus den Mooren mehr Aufschluß über die pollenreichen als pollenarme Arten geben, erhält man kein vollständiges Bild von der Zusammensetzung des mittelalterlichen Waldes. Eines erscheint jedoch klar, dass nämlich der damalige Wald wesentlich

Unter den Pflanzen, die im -Norwegischen Olav in ihrem Namen führen, ist die „Olavsstake" (dt. Wintergrün, lat. Moneses (= Pyrola) uniflora) ebenso unscheinbar wie schön.
Foto Rolf Hjelmstad

offener, lichter und weniger angsteinflößend gewesen sein muss, als die späteren großen, dunklen Tannenwälder. Heute existieren auch diese großen, zusammenhängenden Tannenwälder nicht mehr; sie verschwanden nach relativ kurzer Zeit.

Eingriffe der Menschen

Das Gelände durch das die Pilger zogen, blieb, wie bereits gesagt, im Großen und Ganzen unverändert. Die Täler mit ihren Lehm- und Kiesablagerungen waren damals zwar etwas schmaler und die Wälder heller, aber nach wie vor sind die Berge ebenso steil und die Flüsse ebenso reißend. Fundamentale Unterschiede zwischen der damaligen und der heutigen Landschaft wurden durch die Eingriffe des Menschen verursacht. Im Mittelalter siedelten die Menschen in wenigen, weit gestreuten Einzelgehöften. Das verbindende Wegenetz bestand aus minimal bearbeiteten Fuß- und Reitwegen. Der Ackerbau begrenzte sich meist auf die Talhänge, wo der Boden nicht drainiert werden mußte. Auch die Waldwirtschaft hielt sich in bescheidenen Grenzen. Man fällte einzelne Bäume und verwendete diese für den Hausbau und als Brennholz. Verglichen mit der heutigen Kulturlandschaft, kann die Landschaft des Mittelalters als geradezu jungfräulich bezeichnet werden.

Nach der Jungfrau Maria wurden viele Pflanzen benannt. Die Orchideenart „flekkmarihand" (lat. Dactylorhiza maculata) ist einer der gewöhnlichsten und gleichzeitig schönsten. Foto Bjørn Sæther

Welche naturgegebenen Voraussetzungen beeinflussten nun die Entwicklung des mittelalterlichen Wegenetzes? In der Talsohle stand dichter, fruchtbarer Erlenwald, dazwischen lagen Moore und Sümpfe. Flüsse und Bäche wanden sich in großen Schleifen durch die Täler. Die großen Seitenflüsse waren nur schwer zu überqueren, speziell in Hochwasserperioden. Deshalb verliefen die Wege weiter oben im Gelände, meist nahe der Wasserscheide. Man ging hier durchaus geschützt, zog sich doch damals der Wald höher an den Hängen hinauf. Die Baumgrenze sank erst später infolge einer Klimaveränderung und der Almwirtschaft. Dass das Terrain hier oben steiler war, stellte zu der Zeit, in der man lediglich zu Fuß ging oder ritt, kein großes Problem dar. Dies war erst im 18. Jahrhundert der Fall, als der einsetzende Wagenverkehr höhere Anforderungen an den Wegebau zu stellen begann.

Der Pilger wanderte unter dem gleichen offenen Himmel wie wir, er sah die gleichen Berge, überquerte die gleichen Flüsse. Wir wandern jedoch höchstens einmal am Sonntag, sehen nachts wegen der Straßenlaternen keinen Sternenhimmel mehr. Wir wünschen uns eine ungefährliche, eine zivilisierte Natur. Sicher war das Wandern des Pilgers viel strapaziöser als ein Ausflug heute. Dafür war jedoch der Pilger der Natur ungleich näher und wanderte durch eine Landschaft, die im Großen und Ganzen naturbelassen war.

*Die Pilger „importierten" nicht nur ihr Wissen über Heilpflanzen, sondern vielleicht die Pflanzen selber. Zum Beispiel wächst der Enzian in der Region Trøndelag nur entlang der alten Pilgerwege. Er galt und gilt vor allem als Heilmittel gegen Magenbeschwerden.
Foto Bjørn Sæther*

Die Pilgerstadt am Nidelven

Erik Jondell

An der Mündung des Flusses Nidelven lag das Ziel aller Reisen und Wanderungen: Die Stadt Nidaros mit dem Dom und dem Schrein des heiligen Königs. Wie sah jedoch Nidaros aus, als im 13. und 14. Jahrhundert ein dichter Strom von Pilgern die Stadt aufsuchte? Heute ist die mittelalterliche Stadt so gut wie verschwunden, aber mit Hilfe der Archäologen, Historiker und Sprachforscher können wir uns durchaus ein gutes Bild vom alten Nidaros machen.

Die tausendjährige Geschichte der Stadt gleicht einem riesigen Puzzle, das durch jede archäologische Ausgrabung von Häusern, Straßen und Friedhöfen ergänzt wird. Ebenso wichtige Teile dieses Puzzles sind schriftliche Quellen, Briefe, Testamente, die verschiedenen Königssagen, Gesetze und Verordnungen. So enthält z.B. das Stadtgesetz vom Anfang des 14. Jahrhunderts wichtige Informationen über Aussehen und Zustand der Stadt. Der Text beschreibt detailliert, wie zwei Gruppen mit Nachtwächtern durch die Stadt zu patrouillieren hatten, um Brände zu verhindern. Man nimmt an, dass vor 700 Jahren ca. 3000 Menschen in der Stadt wohnten. Die Stadt „lebte vom Land", denn wegen des Erzbischofssitzes und der Königsresidenz flossen erhebliche Steuergelder und Pachteinnahmen in die Stadt. Bezahlt wurde in Form von Naturalien wie Fleisch, Korn und anderen landwirtschaftlichen Produkten. Überschüssige Einnahmen wurden zum Bau von Kirchen, Wohnhäusern und Schiffen verwandt.

Das Motiv im Stadtwappen von Trondheim – der König mit der Waage und der Bischof mit Stab und Mütze – stammt aus dem 13. Jahrhundert. Das Motiv symbolisiert die Ausgewogenheit von kirchlicher und weltlicher Macht.

Die Stadt war, verglichen mit heute, nicht besonders groß. Die Bebauung konzentrierte sich auf einen 200 bis 300 Meter breiten Gürtel entlang des Flusses und reichte im Westen nicht weiter als bis zur heutige Nordre gate und Munkegate. Kirchen und Klöster, kleine Blockhäuser, mit Planken ausgelegte Straßen und Gassen prägten das Stadtbild. Ganz am Südende lagen der Nidarosdom, das Erzbischöfliche Palais, und der „kongegården", die königliche Residenz. Gen Westen erstreckten sich, abgesehen vom Hospital, lediglich Äcker und Wiesen. Am heutigen „Skansen", dem schmalen Zugang zur Halbinsel, schützte ein Palisadenzaun die Stadt vor ungebetenen Gästen. Auf der anderen Seite des Flusses standen die Kloster Bakke und Elgeseter und ein Ziegelwerk. Im Fjord und der Stadt vorgelagert, lag das Kloster Nidarholm und hoch über der Stadt thronte „Zions Burg", die Festung Sverresborg.

Lage und Ausdehnung der mittelalterlichen Stadt um 1300. Rekonstruktionszeichnung: Erik Jondell / Karl-Fredrik Keller

Ein Spaziergang im Jahre 1300

Sehen wir uns dieses Stadtbild etwas genauer an, und betrachten wir einige Details. Stellen wir uns vor, wir kämen als Pilger in die Stadt. Wir kämen nach Nidaros über die lange Holzbrücke, die ungefähr am gleichen Ort wie die heutige Elgeseter-Brücke stand. Auf der Halbinsel passieren wir einen Wachturm, der einem Kirchturm ähnelt. Vom Fluß aus steigt der Weg steil an zum Erzbischöflichen Palais, das von einer massiven Steinmauer umgeben ist. Hier herrscht emsiges Kommen und Gehen, sowohl von der Stadt wie vom Flußufer her, wo die Bootshäuser und Schiffe des Erzbischofs liegen. Wir setzen unseren Weg in Richtung Stadt fort und nähern uns dem Nidarosdom. Kurz vor dem Dom passiert man ein großes Marmorkreuz, das Erzbischof Jørund vor kurzem errichten ließ. Rund um den Dom stehen viele kleine Hütten, in denen Steinmetze entweder Steine für die Mauern hauen oder wunderbare Skulpturen meißeln, alles für die im Bau befindliche West-fassade. Wir betreten nicht den Dom, sondern gehen weiter Richtung Osten in einem großen Bogen hinter dem Dom vorbei. Außerhalb des Stadtzentrums mit dem weltlichen Gewerbe, den Handwerkern und Kaufleuten, liegen linker Hand die vornehmen Höfe der Geistlichen, Domherren und Kanoniker.

Die mittelalterliche Stadt von Süden aus. Modell der Mittelalter-Ausstellung im „Vitenskapsmuseet", dem „Wissenschaftsmuseum" (mit eingezeichneter „Wanderung"). Foto NTNU Vitenskapsmuseet / Roar Øhlander

Wir gehen weiter in Richtung Fluß, wobei der Dom mit der Friedhofsmauer rechter Hand bleibt. Diese wird fast unten am Fluß von einer anderen Mauer abgelöst, nämlich der der Königsresidenz, die östlich des Nidarosdoms zusammen mit vielen großen und kleinen Häusern und sogar einer eigenen Kirche liegt. Direkt am Fluß, gegenüber dem Eingang zur Königsresidenz, steht das Dominikanerkloster. Jetzt biegen wir in Richtung Norden ab und betreten das Stadtzentrum. Der Weg teilt sich, und wir wählen die „Langstretet", die „Lange Straße", welche durch die gesamte Stadt führt und am Fjord endet. Auf unserem Spaziergang passieren wir zuerst die Allerheiligenkirche und die Benediktinerkirche, dann die Gregoriuskirche und schließlich eine alte Stabkirche, die Martinskirche. In ihrer Umgebung, im Stadtteil „Ørene" und in Richtung Fjord, wird die Bebauung wieder lichter. Ganz am Ende der Langstretet steht die Margarethenkirche mit ihrem Glockenturm, dessen Sturmglocken Feuer in der Stadt melden. Hier draußen liegt „Gildeskålen", eine große Festhalle. Wir wenden uns nach rechts und passieren die Schmie-

den, die sich in Ørene angesiedelt haben. Ruß und Rauch liegen dicht über dem Wirrwarr kleiner Hütten, in denen die Schmiede Eisen und Kupfer bearbeiten. In Ørene steht ebenfalls ein mächtiger, steinerner Wachturm, das nördliche Gegenstück zu dem Turm an der Brücke südlich der Stadt.

Für den Rückweg zum Nidarosdom benutzen wir die Straße parallel zum Fluß. Linker Hand, zum Flußufer hinab, liegt der sogenannte „Skulegården", die erste Königsresidenz, die laut Überlieferung König Olav Tryggvason, der Gründer Trondheims anlegen ließ. In unmittelbarer Nachbarschaft der Residenz steht die Klemenskirche. Mittlerweile haben wir wieder die Innenstadt erreicht und sind in das lebhafte Gewühl der kleinen Läden, „krambodene", auf der „Kaupmannastretet", der „Kaufmannsstraße" eingetaucht. Nur einen Steinwurf weit entfernt entladen die Schiffe ihre Waren in die Speicherhäuser und nehmen neue Ladung an Bord. Zu beiden Seiten der Straße stehen Blockhäuser mit Kramläden. Zwischen diesen Häusern führen kleine Tore zu den gepflasterten Höfen. Die Anwohner und ihr Vieh bevölkern die Höfe und sicher auch einige Pilger, die sich in den Häusern einquartiert haben. Draußen auf der Straße herrscht emsiges Treiben, Kinder spielen, Handwerker preisen lauthals ihre Waren an und Frauen eilen durch die Menge. Wir setzen unseren Weg durch die „Kaupmannazstretet" fort und erreichen die Olavskirche, welche rechter Hand liegt. Hier wollen die Franziskaner ihr Kloster erbauen, wenn sie sich demnächst in der Stadt niederlassen. Noch ein kurzes Stück und wir sind wieder an der Königsresidenz und damit an unserem Ziel angelangt, dem Nidarosdom.

Teile der „Kaupmannastretet", der „Kaufmannsstraße"; Ausgrabung auf dem Gelände der Städtischen Bibliotek.

Stadtbild aus dem 13. Jahrhundert. Im Hintergrund fiert die Mannschaft auf dem königlichen Schiff das Segel, um weiter flußaufwärts am Königskai anzulegen; im Vordergrund die „Langstretet", die „Lange Straße", links der Bau der Benediktinerkirche (heute: Kjøpmannsgate 12). Rekonstruktionszeichnung: Erik Jondell / Karl-Fredrik Keller

Spuren der mittelalterlichen Stadt im heutigen Trondheim

So ungefähr kann man sich eine Wanderung durch die Stadt vor 700 Jahren vorstellen. Aber abgesehen vom Nidarosdom, dem Erzbischöflichen Palais und der „Vår Frue kirke" ist es schwierig, direkte Spuren des mittelalterlichen Trondheims in der heutigen Stadt zu entdecken. Dem aufmerksamen Betrachter werden sie allerdings nicht entgehen. So ist z. B. der Verlauf von vielen der heutigen Gassen („veita") durchaus identisch mit den mittelalterlichen Straßen. Die heutige Krambugate ist teilweise deckungsgleich mit der „Kaupmannastretet", die Apotekerveita mit Teilen der „Langstretet" und die St.Jørgensveita mit der ehemaligen „Kirkestretet". Von den vielen alten Pfarrkirchen blieb jedoch lediglich die „Vår Frue Kirke" erhalten, die im Mittelalter Marienkirche hieß. Reste der Gregoriuskirche wurden unter dem Gebäude der „Sparebanken 1 Midtnorge" ausgegraben und können in deren Keller besichtigt werden. Unter der Städtischen Bibliothek befinden sich die Überreste der Olavskirche. Im Erzbischöflichen Palais sind die beeindruckenden, aus dem 12. und 13. Jahrhundert stammenden Steinhallen zu bewundern. In das hier untergebrachte neue Museum wurden Teile der alten Ringmauer und Überreste einer Münzpräge-Werkstatt mit einbezogen. Das mittelalterliche Trondheim tritt also nicht auf den ersten Blick zutage; wer jedoch etwas genauer hinschaut, erkennt, daß das moderne Trondheim durchaus auf historischem Boden steht.

Mit Hilfe von Ausgrabungen wurden die Standorte ehemaliger Kirchen und Friedhöfe im mittelalterlichen Trondheim kartiert. Es muß allerdings offen bleiben, ob alle gefunden wurden. Damit bleibt auch ein Rest Unsicherheit bei der Bezeichnung der verschiedenen Fundstätten; nachstehend die übliche Interpretation:

1. *Margarethenkirche (in der Karl Johans gate)*

2. *Klemenskirche (unter dem Gebäude der Sozialversicherung)*

3. *Martinskirche (unter dem Gebäude der Hauptpost)*

4. *Unbekannte Kirche (Andreaskirche?)*

5. *Gregoriuskirche (unter dem Gebäude der „Sparebanken 1 Midtnorge")*

6. *Olavskirche, Franziskanerkloster (unter dem Gebäude der Stadtbibliothek)*

7. *Marienkirche (Vår Frue Kirke)*

8. *Kreuzkirche*

9. *Allerheiligenkirche*

10. *Benediktinerkirche*

11. *Unbekannte Kirche; Peterskirche?*

12. *Dominikanerkloster (unter dem Gebäude der Th.Angells-Stiftung)*

13. *Nikolaikirche im „Kongsgården", der Königsresidenz (Domfriedhof)*

14. *Christkirche/Nidarosdom*

Foto NTNU Vitenskapsmuseet/ Roar Øhlander

Der Nidarosdom

Arne Bakken

„Die Kirchen und Klöster läuteten zur Vesper, als Kristin in den Hof des Doms eintrat. Einen Augenblick lang schaute sie zur Westfassade hinauf, dann schlug sie den Blick geblendet nieder. Menschen konnten aus eigener Kraft nicht ein solches Werk vollbracht haben! Es mußte wahrhaftig Gottes Wille gewesen sein, der den Heiligen Øystein und die ihm folgenden Männer dazu beseelt hatte, dieses Haus errichten zu lassen." Für Sigrid Undsets Romanfigur Kristin Lavransdatter war der Dom in Nidaros „ein Abglanz der Herrlichkeit des Reiches Gottes". Wie Kristin, haben viele erlebt, dass das Erlebnis der Schönheit eine ethische Herausforderung darstellen kann: „Nun sah sie, wie tief sie im Staub lag." Die Erbauer der Kathedrale wollten einen Raum schaffen, in dem sich sozusagen Himmel und Erde trafen. Dieser Raum sollte den Pilger sowohl die Größe des Menschen, wie seine Verantwortung erkennen lassen.

Skulptur des Hl.Olav; am St.Olavs-Tag (29. 7.) mit einem Kranz geschmückt. Foto Jøran Wærdahl

Der Nidarosdom – erbaut über dem Grab eines Wikingerkönigs

Nicht das Leben machte Olav Haraldsson zu einem Heiligen, sondern sein Tod. Nicht als König gewann er ein ganzes Volk für den neuen christlichen Glauben, sondern durch die verlorene Schlacht bei Stiklestad (Mittelnorwegen) und seinen Tod am 29. Juli 1030.

Die Verehrung des Heiligen Olav berührt damit den tief mysteriösen und lebensspendenden Zusammenhang zwischen Ohnmacht und Stärke, zwischen Verzweiflung und Hoffnung, zwischen Tod und Leben. Die Kathedrale konkretisiert die geistigen Werte, für die der Heilige Olav stand und fiel. Seine wichtigste Aufgabe – wie die eines jeden Heiligen – war es, auf Christus zu verweisen. Deshalb hieß Olavs Grabkirche auch die Christkirche zu Nidaros.

Unmittelbar nachdem Olav am 3. August 1031 heilig gesprochen wurde, errichtete man über Olavs Grab eine hölzerne Kapelle. Ca. 1070 legte der norwegische König Olav Kyrre den Grundstein für eine Kirche an dieser Stelle. Der Hochaltar mit dem Königsschrein stand über dem ehemaligen Königsgrab.

Prozession mit Reliquienschrein im 14. Jahrhundert vor dem Nidarosdom. Links der Bogengang zwischen Dom und Erzbischöflichem Palais. Rekonstruktionszeichnung: Karl-Fredrik Keller / Øystein Ekroll

Da die Zahl der Pilger ständig zunahm, musste die Kirche erweitert werden. Mitte des 12. Jahrhunderts war der Bau des jetzigen Querschiffs in vollem Gang. Als Architekt des Doms im gotischen Stil und als Bauherr ist uns der Erzbischof Øystein Erlendsson (1161–1188) überliefert. Er stammte aus Trøndelag, war weitgereist, hatte an den damals tonangebenden Lehranstalten in Frankreich studiert und personifizierte in Nidaros das europäische Geistesleben.

Wegen Streitigkeiten mit dem norwegischen König Sverre war Øystein Erlendsson ins Exil nach England gegangen. Nach seiner Rückkehr begann er im Jahre 1183 mit dem Bau der gotischen Kathedrale. Bis zu seinem Tod war das Kapitelhaus fertiggestellt und das Oktogon rund um den Hochaltar begonnen worden. Man nimmt an, dass der gotische Dom ungefähr im Jahre 1300 vollendet wurde.

Das Siegel des Domkapitulars zu Nidar zeigt St. Olav auf dem Thron sitzend, mit Krone, Lilienzepter und Reichsapfel.

Trotz der fünf Brände, die den Nidarosdom heimsuchten, wurde er immer wieder aufgebaut. 1531 legte ein großer Brand fast das gesamte Westschiff in Schutt und Asche. Als 1869 dann umfangreiche Rekonstruktionsarbeiten eingeleitet wurden, orientierte man sich an den Kathedralen der Orte, die Erzbischof Øystein seinerzeit besucht hatte. Auf diese Weise wurde Øysteins internationale Orientierung bewahrt, gehört die Kathedrale im hohen Norden zur großen Familie europäischer Kirchen.

Die mittelalterlichen Pilger meinten, dass ihnen durch den Besuch des Heiligen Schreins und anderer heiliger Stätten selbst die göttlichen Kräfte zuteil würden, die im Heiligen gewirkt hätten.

Die Kathedrale und die Pilgerwanderungen

In der Struktur einer Kathedrale läßt sich auch das Grundmuster der Pilgerwanderung mit seinen vier Etappen Aufbruch, Weg, Ziel und Rückkehr erkennen.

Die Westfassade, die Eingangspartie der Kirche, zieht eine deutliche Grenze, bei deren Überschreiten man in eine andere Welt eintritt; sie deutet damit auf den Willen des Pilgers zum *Aufbruch* hin. Den *Weg* hingegen symbolisiert der Abstand zwischen den Türen im Westen und dem *Ziel*, dem Hochaltar im Osten. Der Weg zum Licht im Osten ist eine Wanderung durch den „Säulenwald", eine Wanderung, in der sich die „Landschaft" die ganze Zeit verändert und ständig neue Räume betreten werden. Erwartung und Spannung wachsen während dieser Wanderung.

Am Hochaltar fehlt seit der Reformation der Schrein des Heiligen Olav. Der heutige Hochaltar aus den achtziger Jahren des 19. Jahrhunderts zeigt im mittleren Relief die Emmauswanderer und den auferstandenen Christus. Mit dem Gang um den Hochaltar führt die Architektur den Pilger wieder aus der Kirche hinaus, denn der Pilger soll nicht am heiligen Ort bleiben. Die *Rückkehr* ist ebenso ein Teil der Pilgerwanderung.

Die Kathedrale und der tägliche Kampf ums Dasein

Die Kathedrale bietet einen geistigen Raum, in dem der Pilger die Spannungen und Gegensätze ausleben kann, die jeder in sich trägt.

In Architektur und Kunst, in Stundengebeten wie Messen wird der Kampf der Menschen zwischen Licht und Schatten deutlich. Schmerz und Freude, Verzweiflung und Hoffnung erscheinen eingeordnet in einen größeren Zusammenhang.

Skulptur der Birgitta von Vadstena am südlichen Turm der Westfassade. Sie pilgerte ungefähr 1330 nach Nidaros, 1341–42 nach Santiago de Compostela und 1349 nach Rom. Ihr Grab in Vadstena gehörte zu den wichtigsten Wallfahrtsorten in Nordeuropa. Foto Jøran Wærdahl

Skulptur eines Maurers an der Westfassade. Foto Jøran Wærdahl

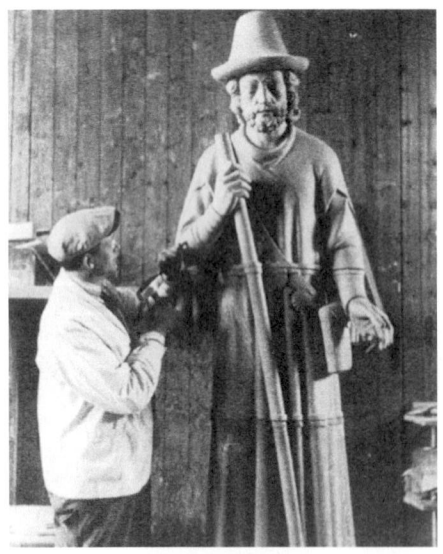

Josef Ankile meißelt die Skulptur des Apostel Jakob. Foto Nidaros Domkirkes Restaureringsarbeider

Die Kirche wurde auf einer Ost-West-Achse errichtet. Der Hochaltar liegt gen Osten, die Himmelsrichtung, welche den weltlichen Aufenthalt von Jesus Christus symbolisiert, wo die Sonne aufgeht und der Tag beginnt. Die Pilger betraten die Kirche von Westen her, aus der Himmelsrichtung, wo die Sonne untergeht, wo die Finsternis und die lebenszerstörenden Kräfte herrschen. Deshalb sollen die vielen Skulturen von Frauen und Männern an der Westfassade an die Menschen erinnern, welche sich dieser Finsternis in all ihren Erscheinungen entgegenstellten. Unter den Heiligen finden wir auch Skulpturen gewöhnlicher Bauern, die Korn säen und schneiden, von Frauen, welche am Spinnrad sitzen oder Käse produzieren, Schuhmachern, Schmieden und vielen anderen. Alle leisten das Ihrige, um den Lebensunterhalt zu sichern. In Zusammenhang mit der Kathedrale erhalten diese täglichen Verrichtungen eine höhere Bedeutung, wird die alltägliche Arbeit des Menschen als Teil des Kampfes gegen die lebenszerstörenden Kräfte begriffen.

Die Kathedrale spiegelt einen ständig vor sich gehenden Kampf wieder. Deswegen kann der Bau einer Kathedrale eigentlich nie als abgeschlossen betrachtet werden, solange Menschen auf der Erde weilen. Dies symbolisiert eine Skulptur hoch oben an der Westfassade. Sie zeigt einen Maurer, der in der einen Hand einen Stein, in der anderen eine Maurerkelle hält, während in der Wand hinter ihm der Platz für den fehlenden Stein ausgespart ist. Wir, die heute leben, „bauen" im übertragenen Sinne ebenfalls mit an dieser Kathedrale, wenn wir uns auf die Seite des Lebens stellen. So gesehen symbolisiert der Maurer an der Westfassade die Verantwortung und die Größe des menschlichen Daseins. – Es scheint, als fordere die Kathedrale jeden, der ihre Schwelle überschreitet, in einen Dialog, so, als ob sie etwas von uns wolle, so, als ob sie etwas gesehen habe. Die Kathedrale wurde in einer Zeit gebaut, in der man nicht passiver Betrachter war, die nicht zwischen Form und Inhalt unterschied, sondern in der die Form einen Teil des Inhalts ausdrückte. Deshalb konnte der Mensch, der in der Kathedrale wandelte, sich nicht neutral verhalten.

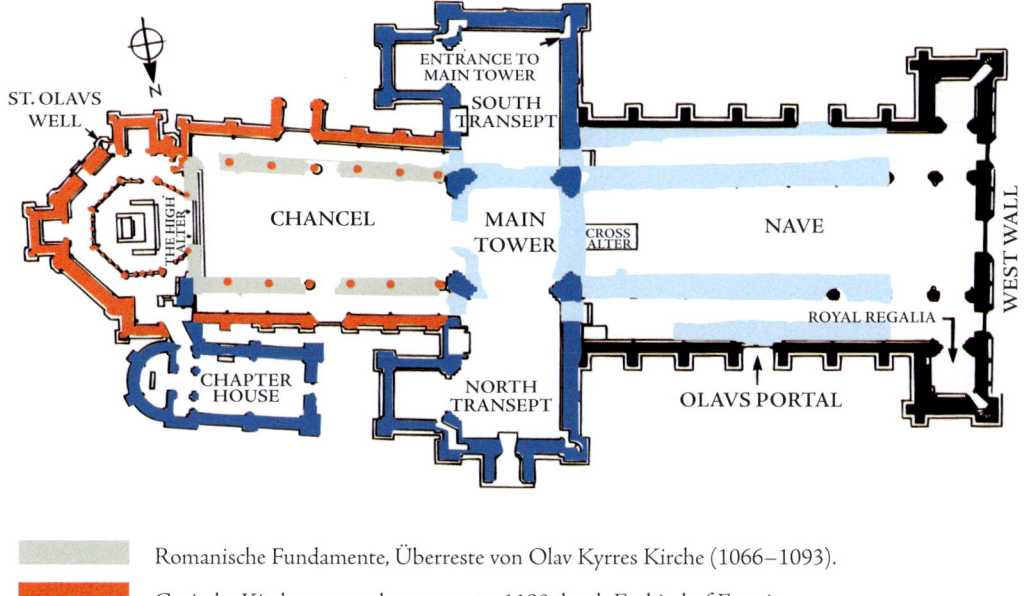

	Romanische Fundamente, Überreste von Olav Kyrres Kirche (1066–1093).
	Gotische Kirchenmauer, begonnen ca. 1180 durch Erzbischof Eystein.
	Normannisch-romanische Kirchenmauer; Querschiff, begonnen 1152 durch Erzbischof John, weitergebaut durch Erzbischof Øystein, der ebenfalls mit dem Bau des Kapitelhauses begann.
	Normannisch-romanische Fundamentreste des ersten Schiffs, begonnen 1155, weitergebaut durch Eystein und abgerissen durch Erzbischof Sigurd ca. 1230.
	Gotische Kirchenmauer, begonnen ca. 1230 durch Erzbischof Sigurd; West-fassade mit Turm von 1248; Innenausbau 1320 fertiggestellt.

Heute erscheint es uns, als hätten die Erbauer der Kathedrale das Gute wie das Böse erblickt. Der heilige Ort und seine Architektur sollen den Kampf ums Dasein sichtbar machen. Mit Geist und Sinnen, Vernunft und Gefühl, mit Ohnmacht wie Stärke wurde dem Menschen sein Platz zwischen den Abgründen menschlichen Lebens und dessen Höhen zugewiesen.

Der Nidarosdom bildet bis heute den Mittelpunkt in der geistigen Geschichte Norwegens. Aus ihm sprechen die grundlegenden Werte, die das Dasein des einzelnen Menschen wie eines ganzen Volkes bestimmen. Somit bildet die Kathedrale einen verkleinerten Kosmos, wie jeder Mensch – in übertragenem Sinne – eine Kathedrale in sich trägt. In der Kathedrale kann dem Pilger jene Hilfe zuteil werden, die er benötigt, um die Größe und das Mysterium anderer Menschen zu entdecken. Die Kathedrale kann ihm die Vielfalt und das Rätsel des Lebens selbst offenbaren, also das Höchste, dessen der Mensch teilhaftig werden kann.

Pilgerzeichen als Erinnerungsplaketten

Lars Andersson

Das mittelalterliche Pilgerwesen entwickelte sich für die katholische Kirche durch umfangreiche Kollekten und Opfergaben zu einer wichtigen Einnahmequelle.

Zusätzlich zu diesen Einnahmen erzielte man Erlöse aus dem Verkauf sogenannter Pilgerzeichen oder Erinnerungsplaketten. Dies waren kleine, dekorative „Pins", Metallplättchen, die sichtbar an der Kleidung getragen wurden und zeigten, dass man eine Wallfahrt absolviert hatte und sogar Auskunft darüber gaben, wohin diese Wallfahrt gegangen war.

Die ältesten Pilgerabzeichen stammen aus dem 12. Jahrhundert. Am beliebtesten waren sie jedoch im 14. und 15. Jahrhundert. Die Abzeichen wurden massenweise hergestellt und zeigten auf der einen Seite meist ein kleines Bild im Halbrelief. Sie wurden aus einer Blei-Zinn-Legierung gegossen, waren 5 bis 10 cm groß und besaßen an den Seiten meist kleine Ösen, damit man sie an der Kleidung, dem Hut oder der Tasche befestigen konnte.

Andere und sehr spezielle Pilgerabzeichen waren die Pilger- oder Kammuscheln (lat. *Pecten Maxismus*), welche in Santiago de Compostela, im nordwestlichen Spanien verkauft wurden. Die Pilgermuschel war das ikonographische Bild für den Apostel Jakob und symbolisierte mit ihrer Bezeichnung das Pilgerwesen generell.

Über die Herkunft des Pilgerabzeichens gibt in der Regel die Gestaltung des Reliefs Auskunft. Ablesbar sind das Ziel der Wallfahrt, der angerufene Heilige bzw. dessen „Eigenschaft" und das zugrundeliegende Kultbild bzw. die Reliquie. Ab und zu wurde der Ort mit einer Inschrift angegeben.

Steingut-Reliquienkrüge, die evt. am Olavsbrunnen im Nidarosdom benutzt wurden. Foto Vitenskapsmuseet / Gorm K. Gaare

Die Pilgerabzeichen aus Nidaros zeigen den Heiligen Olav sitzend oder stehend mit der Axt in der einen Hand und oft mit dem Reichsapfel in der anderen. Es gibt ein paar Exemplare, auf denen die Figur von einem Rahmen umgeben ist, der aus einem Rundbogen und kleinen Säulen besteht. Keines der bis heute gefundenen Exemplare trägt eine Inschrift.

Bis jetzt hat man nur zwischen zehn bis zwanzig solcher Abzeichen entweder bei archäologischen Ausgrabungen oder Kirchenrestaurationen gefunden. Diese relativ bescheidene Anzahl lässt indessen keinen Aufschluß darüber zu, wieviele Pilger tatsächlich nach Nidaros kamen.

Die Datierungen der Funde verweisen auf das 15. und beginnende 16. Jahrhundert. Dieser Zeitraum stimmt mit dem Alter der Abzeichen aus dem anderen großen skandinavischen Wallfahrtsort Vadstena überein. Die in Nordeuropa produzierten Pilgerabzeichen stammen aus dem Spätmittelalter. Die Fundorte deuten darauf hin, daß die Pilger hauptsächlich aus dem skandinavischen Raum kamen, denn bis jetzt wurden weder auf dem Kontinent noch auf den Britischen Inseln Olavsabzeichen gefunden.

Neben den traditionellen Metallabzeichen gab es einen speziellen Typ Miniaturkrug aus Steingut mit zwei kleinen Ohren bzw. Henkeln an beiden Seiten. Solche Reliquienkrüge wurden an einigen Orten Norwegens für sakrale Handlungen benutzt. In Schweden und Dänemark tauchten diese Krüge nur in wenigen Exemplaren auf, während in Norwegen mindestens 150 Krüge gefunden wurden. Man benutzte sie zwar für verschiedene Zwecke, sie stehen jedoch nachweisbar mit einer Wallfahrt nach Nidaros in Verbindung. Als man rund 1900 den Olavsbrunnen im Nidarosdom reinigte, fand man am Boden dieses Brunnens einen solchen Krug festgekeilt zwischen zwei Steinen, den vielleicht ein Pilger verlor, als er das heilige Wasser in den Krug füllen wollte. Denn eben dieses wunderbringende Wasser war im Mittelalter einer der Gründe für die lange Wallfahrt nach Nidaros.

Oben:
St.Olavs-Andenken, gefunden in einem Altar von 1740 in der Kirche zu Sånga, Ångermanland (Schweden).
Foto Statens historiska museum, Stockholm

Unten:
Pilgermuschel aus Santiago de Compostela, Grabfund bei den Ruinen der Kapelle Västerhus in Frösön, Jämtland (Schweden).
Foto Statens historiska museum, Stockholm

Die Olavskirchen in Europa

Bjørn Olav Grüner Kvam

Olavskirchen sind Kirchen, bei deren Weihe der Heilige Olav allein oder zusammen mit anderen Heiligen als Namenspatron bzw. Schutzheiliger genannt wurde. In vorreformatorischer Zeit, also vor 1540, existierten ca. 340 solcher Olavskirchen und Kapellen.

In Norwegen gab es mindestens 52 Olavskirchen. Die meisten, die uns bekannt sind, liegen in den Erzbistümern Oslo, Borg und Tunsberg, den nördlichen Teilen des Erzbistums von Agder, den Pfarrbezirken Vinger, Odal und Solør im Erzbistum Hamar und im Båhuslän in Schweden. In Westnorwegen und dem nördlichen Teil Norwegens gab es weitaus weniger Olavskirchen. Allerdings existierten viele Kirchen, deren Schutzheilige wir nicht kennen.

In Norwegen stehen heute noch 17 Olavskirchen. Es handelt sich um Trøgstad, Eidsberg, Ringsaker, Lom, Fiskerkappelet im Volkskundemuseum Maihaugen (Lillehammer), Sem, Våle, Borre, Hem, Tanum, die alten Kirche in Skoger, Fiskum und Bø, Selfjord, Avaldsnes, den Dom in Bergen und die Kirche in Stiklestad. Von diesen sind die Kirchen in Lom, Våle, Tanum, Avaldsnes und der Dom in Bergen im Sommer geöffnet. Die Kirchen in Ringsaker und Borre sind offene Wegkirchen, die außerhalb der Gottesdienste Führungen wie Bewirtung anbieten und Gelegenheit zur Andacht bzw. Meditation geben.

Unter der Städtischen Bibliothek in Trondheim liegen die Ruinen einer alten Olavskirche. Die aus Stein gebaute Kirche stammt aus der Mitte des 12. Jahrhunderts und diente als Ersatz für eine Holzkirche, welche an der Stelle errichtet worden war, an der nach der Schlacht von Stiklestad die Gebeine König Olavs gelegen hatten. Die Steinkirche war eine Pfarrkirche bis zum Beginn des 14. Jahrhunderts, als an diesem Ort das nördlichste Franziskanerkloster der Welt gegründet wurde. Kloster und Kirche brannten in dem großen Stadtbrand vom 5. Mai 1531 nieder. Die Quellen erwähnen ebenfalls die St.Olav-Grabkapelle, die wahrscheinlich aus Holz an dem Platz errichtet wurde, wo Olavs Gebeine erneut begraben wurden und heute das Oktogon des Nidarosdom steht.

Schweden besaß mindestens 75, dem Heiligen Olav geweihte Kirchen, Dänemark ungefähr 20 und Finnland mindestens 13. Die 70 bekannten Kirchen auf Island deuten auf eine starke Ausbreitung der Verehrung des Heiligen Olav in westliche Richtung hin. Die Olavskirche in Thingvellir ist eine der wichtigsten, wurde wahrscheinlich sogar vom Heiligen König selbst gegründet. Von den 45 Olavskirchen auf den Britischen Inseln stehen immer noch 16, allein 4 davon in London. Die Kirchen Marygate in York, Kirkwell auf den Orkneys und Waterford in Irland gehören zu den ältesten. Auf den Faröern wird die Olavskirche in Kyrkjebø noch immer benutzt. Im übrigen Europa existierten Olavskapellen in Amsterdam und Maastricht (Niederlande) und Danzig (Polen). In Deutschland, in den ehemaligen Hansestädten Bremen, Rostock und Stralsund, wurden dem Heiligen zahlreiche Altäre geweiht. Der Heilige wurde ebenfalls mit sogenannten „Olavsgilden" geehrt, Festessen zu Ehren des Heiligen.

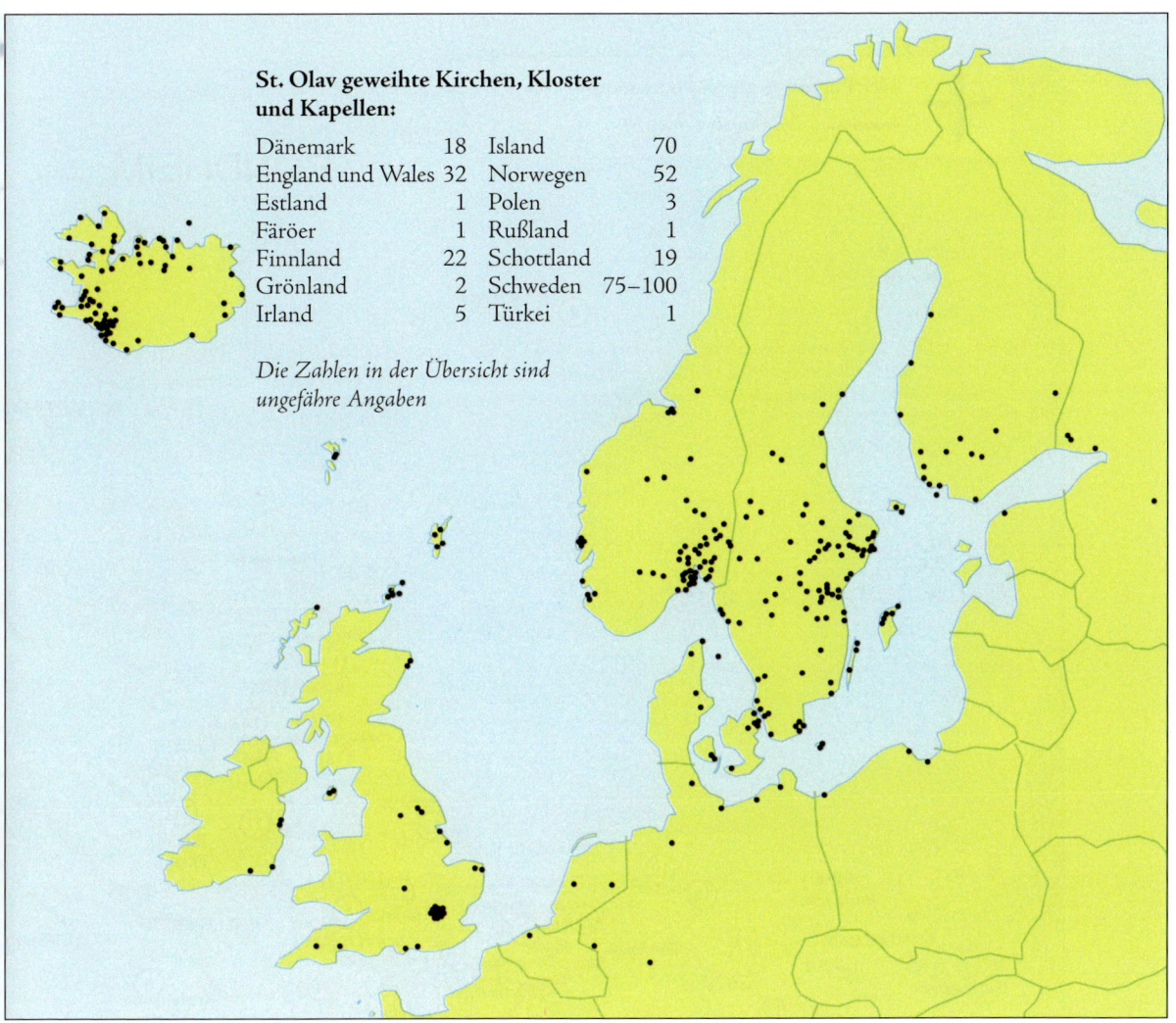

Die Olavskirche in Tallin, dem früheren Reval und der heutigen Hauptstadt von Estland, gehört ebenfalls zu den Kirchen, die heute noch bestehen. Die östlichste Olavskirche der Welt befindet sich im russischen Nowgorod, dem früheren Holmgard.

Eine Olavskirche existierte sehr weit im Süden, in der türkischen Hauptstadt Istanbul, dem früheren Miklagard bzw. Konstantinopel. Abgesehen von dieser Ausnahme zeigt jedoch die Häufigkeit der Olavskirchen in Nordeuropa, den Britischen Inseln und dem Kontinent, dass die Verehrung des Heiligen Olav in Nordeuropa enorm verbreitet war.

Wo ist …?

1. Nidarosdom
2. Erzbischöfliches Palais
3. Alte Stadtbrücke
4. Gregoriuskirche (Ruinen)
5. Hospitalkirche
6. Festung Kristiansten
7. Kirche in Lade, Mittelalter-Ausstellung
8. Insel Munkholmen
9. Nordenfjeldske Kunsthandwerksmuseum
10. Olavshalle (Konzerthalle)
11. Olavsquelle
12. Olavskirche (Ausgrabungen)
13. Pirterminalen/Schiffsanlegestelle für den Regionalverkehr
14. Polizeiwache
15. Fischmarkt Ravnkloa
16. Bezirkskrankenhaus (Erste Hilfe)
17. Musikinstrumente-Museum Ringve
18. Bahnhof
19. Skansen
20. St.Olavs-Apotheke (Bereitschaftsdienst)
21. St.Olavs-Kirche
22. Stiftsgården/Königliche Residenz
23. Studentersamfundet
24. Historische Gaststätte Tavern
25. Trondheim Hospital
26. Trondheim Kunstmuseum
27. Seefahrtsmuseum Trondheim
28. Künstlerzentrum Trøndelag
29. Museum für Volkskunde Trøndelag, Sverresborg
30. Trøndelag Theater
31. Utsikten/Aussichtspunkt
32. Vitenskapsmuseet/ Mittelalter-Ausstellung
33. Vår Frue Kirche
34. Dokkhuset
35. Nidaros Pilgrimsgård

i Visit Trondheim (Munkegt. 19)

..... Ladestien

Verehrter Pilger und Tourist!

Herzlich willkommen in Trondheim, dem Ziel Ihrer Wallfahrt! Bitte beachten Sie die nachstehenden Auskünfte über öffentliche Verkehrsmittel, Taxi, Fremdenverkehrsamt, Übernachtungsmöglichkeiten, den Besuch historischer Stätten, Museen und Sehenswürdigkeiten. Wir hoffen, damit zu einem angenehmen Aufenthalt in unserer Stadt beigetragen zu haben.

Nidaros Pilegrims-Hof
Schön gelegen an den Ufern des Nidelven, gleich östlich des Nidarosdoms. In der Sommersaison steht der Hof den Pilgern offen. Man kann hier übernachten, Essen zubereiten, Wäsche waschen/trocknen, Gespräche führen oder einfach abgeschirmte Räumlichkeiten für eine stille Einkehr aufsuchen. Stundengebete sind mit den Aktivitäten im Nidarosdom abgestimmt. Kurs-, Konferenz- und Retreat-Zentrum im restlichen Teil des Jahres. Kjøpmannsgata 1. www.pilegrim.info

Öffentliche Verkehrsmittel / Fremdenverkehrsamt

Mit Bus und Bahn durch die Stadt
Die meisten Buslinien fahren von der Munkegate oder Dronningens gate mitten im Zentrum; tel. Auskunft 73 88 44 44.
Die „Graakallbanen" (Straßenbahn) verkehrt täglich zwischen der St.Olavs gate im Zentrum und Lian am Rande des Naherholungsgebietes Bymarka.

Taxi Tel. 07373
              08000

Mit Bus und Bahn in die Umgebung
Regionale Buslinien, Überlandbusse und Züge ab Trondheim Sentralstasjon; Zug und Busverbindung zum Flughafen Trondheim Værnes; tel. Auskunft 177 oder +47 73 88 39 00.

Hotel, Zimmervermittlung, Führungen
Fremdenverkehrsamt Trondheim Aktivum am Torget, Munkegate 19, Tel. +47 73 92 93 49. Prospekte und Informationen über Trøndelag und andere Teile Norwegens.

Visit Trondheim AS, Torget, Munkegaten 19. Tlf. +47 73 80 76 60. E-post: touristinfo@visit-trondheim.com

Sehenswürdigkeiten – historische Stätten – Museen

Domkirkens skulptur- og stensamling /
Skulpturen- und Steinsammlung des Nidarosdoms Erkebispegården / Erzbischöfliches Palais am Nidarosdom. Tel. +47 73 89 08 00

Erkebispegården / Erzbischöfliches Palais
Das älteste weltliche Steingebäude des Nordens aus der 2. Hälfte des 12. Jahrhunderts. Residenz des Erzbischofs bis zur Reformation im Jahre 1537. Im Museum des Erzbischöflichen Palais' befinden sich originale Skulpturen vom Nidarosdom sowie archäologische Funde aus der dramatischen Geschichte des Palais'. www.nidarosdomen.no

Hospitalskirken / Hospitalkirche
1705 erbaut; erste aus Holz gebaute, achteckige Kirche in Norwegen und Schweden; steht neben dem Trondhjems Hospital in der Kongens gate; bequem zu Fuß vom Zentrum aus zu erreichen.

Mittelalterliche Kirchenruinen
Überreste der Olavskirche aus dem 12. Jahrhundert liegen im Innenhof der Städtischen Bibliothek an Peter Egges plass. Ein Teil des Friedhofes mit gut bewahrten Skeletten ist einsehbar; zugänglich während der Öffnungszeiten der Bibliothek.
Überreste der Gregoriuskirche, ebenfalls 12. Jahrhundert, unter der „Sparebank 1 Midtnorge", Kongens gate 4, Eingang Søndre gate; zugänglich während der Öffnungszeiten der Bank.

Munkholmen / Insel Munkholm
Das erste Benedictinerkloster Skandinaviens, kurz nach dem Jahr 1000 erbaut; 1658 zu Festung und Gefängnis umgebaut; heute Badeplatz und Restaurantbetrieb; im Sommer stündlich Bootverbindung vom Fischmarkt Ravnkloa aus.

Kristiansten festning / Festung Kristiansten
Im Rahmen des Wiederaufbaus Trondheims nach dem Brand von 1681 durch General Johan Caspar Cicignon errichtet; Gedenktafel für die im II. Weltkrieg erschossenen Widerstandskämpfer an der Hinrichtungsstätte; für Publikumsverkehr geöffnet, wenn die Landesflagge gehißt ist.

Nordenfjeldske Kunstindustrimuseum / Nordenfjeldske Kunsthandwerksmuseum
Munkegate 5, Tel. +47 73 52 13 11. Ausstellungen zu norwegischem und internationalem Kunsthandwerk und Design.

Olavskilden ved Hadrians plass / Olavsquelle am Hadriansplatz
Die heilige Quelle der Pilger am Nordende der Elgeseter-Brücke

Fischmarkt Ravnkloa
Am Nordende der Munkegate gelegener Fischmarkt und Fischhalle; Bootsverkehr zur Insel Munkholmen.

Ringve museum / Musikinstrumente-Museum Ringve
Ladeallé 60, Tel. +47 73 87 02 80. Norwegens einziges Museum für Musikinstrumente aus der ganzen Welt; in unmittelbarer Umgebung liegt der Botanische Garten.

Rustkammeret og Det nordenfjeldske hjemmefrontmuseum / Rüstkammer und Widerstandsmuseum
Liegt im inneren Königshof am Erzbischöflichen Palais; Tel. +47 73 99 58 31. Heeresmuseum mit Uniform- und Waffenausstellung. www.mil.no/felles/rkt

Skansen / „Schanze"
Überreste von Trondheims westlichem Verteidigungsbauwerk und Stadttor; heute Park mit schöner Aussicht über den Fjord.

Stiftsgården / Königliche Residenz
Munkegate 23. Größtes Palais aus Holz in Skandinavien, 1774–78 erbaut; heute offizielle Residenz des Königspaares in Trondheim; tel. Vorbestellungen von Führungen +47 73 84 28 80 und +47 73 80 89 50. www.nkim.museum.no/stiftsgarden.htm

Gamle bybro / Alte Stadtbrücke
Die erste Brücke an dieser Stelle wurde 1681 errichtet; auf der Westseite des Flusses das alte Zoll- und Wachthaus aus der gleichen Zeit. Die heutige Brücke stammt aus dem Jahr 1861.

Bryggene / Packhäuser
Die ältesten Packhäuser am Fluß Nidelven stammen aus dem 18. Jahrhundert, die Packhäuser am Kanal (gegenüber dem Bahnhof) aus dem 19. und 20. Jahrhundert.

Sukkerhuset / Zuckerhaus
E.C. Dahls gate 2 im Bezirk Kalvskinnet. 1752 als Zuckerraffinerie erbaut, Brauerei von 1856 bis 1984; ältestes bewahrtes Industriegebäude Norwegens.

Trondheim Kunstmuseum und Trøndelag Kunstgallerie
Bispegate 7 B, direkt neben dem Nidarosdom. Reichhaltige Sammlung norwegischer und internationaler Kunst aus dem 19. Jahrhundert bis zur Gegenwart. Tel. +47 73 52 66 71, +47 73 52 37 45. Tel. +47 73 53 81 80. www.tkm.no

Trondhjems Hospital
Hospitalsløkkan 2–4. Älteste soziale Institution Skandinaviens, 1277 als Pflegeanstalt für Aussätzige und Arme gegründet, diente auch als Pilgerhospital; heute Altersheim.

Trøndelag Folkemuseum / Museum für Volkskunde Trøndelag
Sverresborg. Regionales Volkskundemuseum in schöner Umgebung, unterhalb der 800 Jahre alten Ruine von König Sverres Burg; ca. 60 Gebäude: Stabkirche, Gebirgsalmen, Bootshäuser, Bauernhöfe und Stadtgebäude; Skimuseum Trøndelag; Führungen müssen vorbestellt werden, Tel. +47 73 89 01 00. Das Wirtshaus Tavern aus dem Jahre 1739 ist ganzjährig geöffnet; Tel. +47 73 52 09 32.

Trøndelag senter for samtidskunst/ Trøndelags Zentrum für Gegenwartskunst
Fjordgt. 11. Tel. +47 73 52 49 10. www.samtidskunst.no

NTNU Vitenskapsmuseet/NTNU „Wissenschaftliches Museum"
Erling Skakkes gt. 47. Tel. +47 73 59 21 45. www.ntnu.no/vmuseet
Die naturhistorische Abteilung umfasst Tiere, Pflanzen und Mineralien sowie eine Ausstellung über die verschiedenen Landschaften Mittelnorwegens. Die kulturhistorische Abteilung zeigt archäologisches Material aus der Stein-, Bronze- und Eisenzeit; die Mittelalter-Ausstellung Funde der in den letzten Jahren gemachten Ausgrabungen im Stadtbereich; eine Ausstellung zu Kirchenkunst und -inventar vom Mittelalter bis ca. 1700; sowie eine Ausstellung zur südsamischen Kulturgeschichte.

Det jødiske museum i Trondheim/ Jüdisches Museum Trondheim
Arkitekt Christies gt 1b. Tel. +47 73 52 94 34. www.jodiskemuseum.no

Andere Museen
Trondhjems Kunstforening (Malerei/Skulptur), Sporveismuseet (Schienenfahrzeuge), Sjøfartsmuseet (Seefahrt), Rettsmuseet (Rechtsvollzug) og Vitensenteret (Naturwissenschaften)

Middelalderkirker / Mittelalterliche Kirchen

Kirche in Byneset, ursprünglicher Name Mikaelskirche, in Stein 1170–80 erbaut; heute in Spongdal, Byneset; heidnische Opferstätte aus vorchristlicher Zeit in der näheren Umgebung der Kirche; Tel. +47 72 83 58 40.

Kirche in Lade, Ladeallé 36.
Ca. 1180 erbaut; heidnische Opferstätte aus vorchristlicher Zeit hundert Meter nordöstlich vom Lade gård.

Nidaros domkirke / Nidarosdom
Sonntags 11 Uhr Hochamt; Abendmesse 18 Uhr; Montag bis Samstag 12.15 Uhr Vormittagsandacht; werktags und Samstag 13 Uhr Orgelmusik. Während der Sommersaison: täglich 17.45 Uhr Abendmesse für Touristen; Führungen in Norwegisch, Englisch, Deutsch und Französisch, Montag–Freitag jeweils um 11 Uhr, 14 Uhr und 16 Uhr; Aufstieg zum

Turm jede halbe Stunde. Besichtigung der Kroninsignien:
Montag–Freitag 9–18.15 und Sonntag 13–16 Uhr; jeden Freitag 20 Uhr im Kapitelhaus Abendgebet; jeden Samstag 13 Uhr musikalische Andacht.

Den katolske kirke i Trondheim / Katholische Kirche Trondheim
St.Olavs-Kirche (erbaut 1872), Schirmers gate 1.
Tel. +47 73 52 12 14. www.katolsk.no/mn/Trondheim
Offen für Gebete 9.00–19.00 Uhr. Messe täglich 18.30; Weihgottesdienst Samstag 18.30 Uhr; Sonntagsmesse 09.00 Uhr und Hochamt 11.00 Uhr.

Kulturstadt Trondheim

Olvas-Festtage in Trondheim
Die Kirchen- und Kulturfesttage finden rund um den St.Olavstag statt, also Ende Juli / Anfang August.

Der St.Olavstag war sowohl als kirchlicher wie weltlicher Feiertag seit dem Mittelalter eine wichtige Begebenheit in der Stadt. Für den religiösen Teil des Arrangements ist der Nidarosdom der natürliche Mittelpunkt. Heute strömen wieder die Pilger zum Nidarosdom, einige zu Fuß auf den alten Pilgerwegen, andere mit modernen Verkehrsmitteln. In der letzten Juliwoche werden in den Kirchen der Stadt mehrere große und kleine Gottesdienste abgehalten. Den Höhepunkt bildet die „Olavsvaka", die „Olavswache" in der Nacht vom 28. zum 29. Juli.

Der kulturelle Teil der St.Olavstage bietet Konzerte, Theatervorstellungen, Vorträge, Ausstellungen, kürzere Pilgerwanderungen und Exkursionen. Populär ist der historische Markt mit dem Leben und Treiben einer mittelalterlichen Stadt, dem Verkauf von kunsthandwerklichen Erzeugnissen, der Demonstration von altem Handwerk, dem traditionellen Essen und Trinken sowie einem entsprechenden Unterhaltungsprogramm.

Büro der Olavsfesttage: Dronningens gate 1 B; Tel. +47 73 84 14 50. www.olavsfestdagene.no

Konzerthuset Olavshallen / Konzertgebäude „Olavshalle"
Kjøpmannsgate 44.
Ganzjährig Konzerte; zwei Konzertsäle; Eintrittskarten und Auskunft, Tel. +47 73 53 40 50
www.olavshallen.no

Dokkhuset
Dokkparken 4. Arena für Jazz und Kammerkonzerte. Tel. +47 73 60 59 33
www.dokkhuset.no

Trondheim Symfoniorkester / Symphonieorchester Trondheim
Jeden Donnerstag Konzert; Eintrittskarten und Auskunft, Tel. +47 73 53 98 00 www.tso.no

Trøndelag Teater / Trøndelag-Theater
Prinsensgate 18–20; Eintrittskarten und Auskunft, Tel. +47 73 80 50 00.
www.trondelag-teater.no

Nützliche Tips

**Trondheim folkebibliotek /
Städtische Bibliothek Trondheim**
Peter Egges plass 1,
Tel. +47 72 54 75 20, 72 54 75 00.

Postkontor / Hauptpost
Dronningens gate 10, Tel. +47 73 95 84 00.
Geöffnet Montag bis Freitag 8–17 Uhr,
Donnerstag 8–18 Uhr, Samstag 9–15 Uhr.
Postlagernde Sendungen; Philatelie-Abt.

Politi / Polizei
Gryta 4. Tel. +47 73 89 90 90 und 02800

Legevakt / Ärztlicher Notdienst
Tel. +47 73 52 25 00

Tannlegevakt / Zahnärztlicher Notdienst
Tel. +47 73 50 55 00

Apotekvakt / Bereitschaftsapotheke
St.Olavs-Apotheke.
Solsiden, Beddingen 4. Öffnungszeiten:
wochentags 8.30–24 Uhr, Sonn- u. Feiertag
10–24 Uhr. Tel. +47 73 88 37 37

**POLITI 112
BRANN / FEUERWEHR
NOTRUF 110
AMBULANSE / KRANKENWAGEN
NOTRUF 113**

Kommune Trondheim / Stadt Trondheim
Verwaltung: Rådhuset/Rathaus, Munkegata 1,
gegenüber vom Nidarosdom.
Tel. +47 72 54 60 11

Aus der Geschichte der Stadt Trondheim

Jon Øyvind Eriksen

Trondheim wurde im Jahre 997 vom norwegischen Wikingerkönig Olav Tryggvason gegründet. Die ältesten Spuren von Gebäuden an der Mündung des Flusses Nidelven stammen jedoch aus der Zeit vor der Stadtgründung. Die Bedeutung der Stadt nahm stark zu, als nach der Schlacht bei Stiklestad im Jahre 1030 der Leichnam von Olav dem Heiligen nach Trondheim überführt wurde. Im gleichen Jahr wurde Trondheim zur Hauptstadt von Norwegen und im Laufe der Zeit der Nidarosdom zu einem der wichtigsten Wallfahrtsorte in Europa. 1152 wurde die Stadt zum Sitz des Erzbischofs von Norwegen und damit das Erzbischöfliche Palais zu einem Machtzentrum in einem Reich, das sich bis nach Grönland erstreckte. Die Pest schwächte die Stadt zwar kräftig, doch ihre Glanzzeit war erst vorbei, als der dänisch-norwegische König die Reformation einführte. 1537 musste der letzte Erzbischof von Nidaros, Olav Engelbrektsson, aus Norwegen flüchten.

Im nächsten Jahrhundert trafen andere Katastrophen die Stadt. Nach dem Frieden von Roskilde im Jahre 1658 fiel die Stadt an Schweden, wurde jedoch nach sieben Monaten zurückerobert. 1681 brannte die gesamte Stadt bis auf die Grundmauern nieder. Daraufhin schickte der König den Generalmajor Johann Caspar Cicignon nach Trondheim, der einen vollständig neuen Stadtplan ausarbeitete. Diesem quadratischem Grundriß entsprechend verlaufen noch heute die Straßen der Innenstadt. Gleichzeitig wurde die Festung Kristiansten gebaut. Nur wenige Jahre später bewahrte sie die Stadt im Großen Nordischen Krieg vor der Eroberung durch die schwedische Armee unter General Armfelt. Während des Rückzugs kamen in einem Schneesturm im Grenzgebirge ungefähr 3000 schwedische Soldaten ums Leben. Im gleichen Krieg stieg der Seeheld Peter Wessel Tordenskjold aus Trondheim zu einem der berühmtesten Admiräle der norwegisch-dänischen Flotte auf.

Das alte Stadttor bei Skansen

Von der positiven wirtschaftlichen Entwicklung im 18. Jahrhundert profitierten vor allem die großen Kaufmannshäuser der Stadt, die den Im- und Export sogar mit eigenen Schiffen betrieben. Der Eigentümer des größten Handelshauses, Thomas Angell, vermachte sein enormes Vermögen den Armen der Stadt. Die Behörden verwendeten das Vermögen indessen auch für andere gute Zwecke, bauten von dem Geld unter anderem 1777 das erste Wasserwerk der Stadt. Die Handelshäuser residierten meist in der „Kjøpmannsgate", der „Kaufmannsstraße" mit ihren charakteristischen Packhäusern am Fluss. Die Reihe der Packhäuser zu beiden Seiten des Flusses prägt noch heute das Stadtbild. Aus dieser Blütezeit stammen auch die großen hölzernen Bürgerhäuser, von denen der „Stiftsgården", die heutige königliche Residenz, das bekannteste ist.

Die Industrialisierung führte im 19. Jahrhundert zu erneutem Wirtschaftswachstum. Eine Reihe von Fabriken und Werkstätten wurde gegründet und Trondheim an das Eisenbahnnetz im südlichen Norwegen angeschlossen. 1877 wurde die Røros-Bahn eröffnet, 1921 die Dovre-Bahn. Trondheim war zwar auch eine wichtige Industriestadt, entwickelte sich jedoch jedoch bereits Ende des 19. Jahrhunderts zu einem Ausbildungszentrum. 1870 wurde die „Trondheims tekniske Læreanstalt" gegründet, 1910 die „Norwegische Technische Hochschule" (NTH) eröffnet. 1968 beschloß das norwegische Parlament die Gründung der Universität Trondheim, welche die NTH, die Pädagogische Hochschule und die älteste wissenschaftliche Institution des Landes, „Det Kongelige Norske Videnskabers Selskab" („Die Königlich-Norwegische Wissenschaftsgesellschaft") zusammenschloss. 1996 gingen alle Einheiten in der heutigen „Norwegischen Technisch-Naturwissenschaftlichen Universität" (NTNU) auf. Damit beherbergt Trondheim neben der größten Forschungsinstitution Norwegens, SINTEF, auch die zweitgrößte Universität des Landes.

Durch Trondheims neue Rolle als Ausbildungs- und Verwaltungszentrum wuchs die Bevölkerungszahl ständig. Mehrere neue Vorstädte entstanden und 1964 wurden die Nachbargemeinden Strinda, Tiller, Leinstrand und Byneset eingemein-det. Als kultureller Anziehungspunkt besitzt Trondheim für das gesamte mittlere Norwegen eine absolut führende Position.

Der Schrein des Heiligen Olav

Sah so der Schrein des Heiligen Olav aus? Rekonstruktion mit Hilfe eines Bildes vom Reliquienschrein in der Thomaskirche im Filefjelle. (Entstehungszeit 1230–1250)

Der Schrein mit den Gebeinen des Heiligen Olav bestand aus drei Truhen. Mit Hilfe der Pilgergaben wurde der Schrein prachtvoll ausgeschmückt.

Der Priester Peder Claussønn Friis (1545–1614) beschrieb den Schrein: «… auch haben sie den Sarg des St. Olav verbessert, und haben ihn in einen Silberschrein gelegt, doch es gab da auch zwei hölzerne Schreine, außen beschlagen mit Gold und Silber und besetzt mit kostbaren Steinen."

Der Schrein war mit 180 silbergefaßten Kristallen, zwei großen vergoldeten Knöpfen und einem goldgefaßten, blauen Stein verziert. Das Silber in und an den Truhen wog insgesamt 87 kg. Jede St.Olavs-Nacht trugen 60 Männer den Schrein in einer Prozession durch die Straßen der Stadt.

Nach der Reformation wurde der Schrein nach Kopenhagen transportiert. Das Silber wanderte in den Schmelztiegel und verwandelte sich für den dänisch-norwegischen König Christian III. zu klingender Münze.

Pilgerweg in Europa

Literatur für Pilger

Overnattingsguiden – Overnattingssteder langs pilegrimsveien fra Tønsberg til Nidaros [Übernachtungsführer – Übernachtungsmöglichkeiten entlang des Pilgerpfads von Tønsberg bis Nidaros], Pilegrimsfellesskapet St. Jakob, Kirkegt. 34a, 0153 Oslo. Tlf: 22 33 03 11.

Pilgrim Road to Nidaros – St Olav's Way, Oslo to Trondheim [Der Pilgerweg nach Nidaros – Der St.Olavs-Weg von Oslo nach Trondheim] by Alison Raju, Cicerone Press Ltd., 2002.

Pilegrimsguiden Tønsberg–Oslo–Hamar [Pilgerführer Tønsberg-Oslo-Hamar]. Av Eivind Luthen. Verbum forlag, 2003.

Pilegrimsguiden Hamar–Nidaros [Pilgerführer Hamar–Nidaros]. Av Tormod Berger, Eivind Luthen

En reisehåndbok for pilegrimsveien fra Hamar til Nidaros [Eine Reisehandbuch für den Pilgerweg von Hamar nach Nidaros]. Verbum forlag, 2003.

Pilegrimsleden til Nidaros – En guide til vandringen [Der Pilgerpfad nach Nidaros – Ein Führer für die Wanderung]. Av Mari Kollandsrud, Gyldendal Norsk Forlag, 1997

Pilegrimsleden genom norra Klaraälvdalen och Trysil – en reseguide [Der Pilgerpfad durch das nördliche Klaraälv-Tal und Trysil – ein Reiseführer], Museumssenteret Trysil Engerdal och Torsby kommun, 2007.

Pilegrimenes vandring til Nidaros. En guidebok for pilegrimsleden Trysil–Nord-Østerdalen–Trondheim [Die Wanderung der Pilger nach Nidaros. Ein Reiseführer für den Pilgerpfad Trysil–Nord-Østerdalen–Trondheim]. Av Mari Kollandsrud. Tynset kommune, 1999.

Romboleden [Der "Rombo-Pfad"]. Av Ellen Zirr Brox, Selbutrykk AS, 2000

Pilgerpfade im Internet:

www.pilegrim.info
www.pilegrim.no
www.trondheim.no/pilgrimage

Notizen

Notizen

Notizen